全国演出经纪人员资格认定考试 辅导系列

QUANGUO YANCHU JINGJI RENYUAN ZIGE RENDING KAOSHI FUDAO XILIE

PERFORMANCE

全国演出经纪人员资格认定考试知识点精讲 上册

科目一 思想政治与法律基础

全国演出经纪人员资格认定考试教材编写组 编

QUANGUO YANCHU JINGJI RENYUAN
ZIGE RENDING KAOSHI ZHISHIDIAN JINGJIANG

简洁凝练
重点突出
思维导图
方便记忆
为考生减负

中国旅游出版社

全国演出经纪人员资格认定考试
教材编写组

主　　编：杨彦锋

副 主 编：董洪涛　孙忠刚　胡乃峰

编辑委员会：李林霏　宋孟瑶　廖　斌　杨　哲　魏士洲
　　　　　　马晓龙　郑超越　郑志鹏　黄晓婷　阳建开
　　　　　　黄九庆　晋　雪　孔　磊　喻新征　黄莉莉
　　　　　　孙　宁　马丽丽　王伟强　杨　毅　王梦佳
　　　　　　曾安明　杨冬梅　唐煜祥　侯旭召

特 别 鸣 谢：感谢允成教育科技（深圳）有限公司大力参与本套丛书研发、编写工作。

前 言

2012年，文化部制定《演出经纪人员管理办法》，加强演出经纪人员管理，明确演出经纪人员的权利和义务，并委托中国演出行业协会负责演出经纪资格证书的核发和管理。近年来，随着演出市场不断发展变化，主管部门加强对演出经纪人员管理手段的调整和完善，将演出经纪人员资格认定委托从中国演出行业协会收回，由文化和旅游部直接组织实施，出台了《网络表演经纪机构管理办法》，修订完善了《演出经纪人员管理办法》，形成了演出经纪人员管理的完整体系。

一、《演出经纪人员管理办法》修订

2021年12月，为进一步加强演出经纪人员队伍建设和管理，规范演出经纪行为，文化和旅游部对《演出经纪人员管理办法》进行了修订，依据《营业性演出管理条例》及其实施细则有关规定，明确将《演出经纪人员管理办法》中演出经纪人员范围确定为个体演出经纪人和演出经纪机构中的专职演出经纪人员；将演出经纪活动确定为演出组织、制作、营销，演出居间、代理、行纪，演员签约、推广、代理等活动。同时，依据《国家职业资格目录》等规定，明确国家对演出经纪人员实行职业资格认定制度。

《演出经纪人员管理办法》规定了演出经纪人员资格认定考试的组织形式和管理职责，明确考试全国统一实施，每年举行一次。文化和旅游部组织拟定考试大纲、考试科目、考试试题，组织实施考试，并确定考试合格标准。县级以上地方文化和旅游行政部门负责保障本辖区考试工作的有序实施。规定了报名考试条件以及不得参加考试的情形。同时，明确由文化和旅游部在考试结束后20个工作日内公布合格分数线，统一核发演出经纪人员资格证，并建立演出经纪人员资格证管理库，做好后续服务和管理。

《演出经纪人员管理办法》规定，演出经纪人员应当根据相关法律法规的规定提供服务，应当定期完成相应的继续教育，在演出经纪活动中依法维护演员合法权益，提醒和督促演员严守法律法规，恪守职业道德，树立良好社会形象。

二、《网络表演经纪机构管理办法》出台

2021年8月，文化和旅游部制定出台《网络表演经纪机构管理办法》。网络表演经纪机构，行业内俗称"MCN机构""主播公会"，是指依法从事网络表演经纪活动的经营单位。网络表演经纪机构主要为主播提供签约、推广、代理等经纪服务，以及网络表演内容的组织、制作、营销等经营服务，同时，还为网络表演经营单位输送适应网络表演活动的主播，负责主播的日常管理工作。网络表演经纪机构为网络表演经营单位和网络表演者提供链接、桥梁作用，是网络表演市场的重要主体之一。作为连接直播内容生产者和传播渠道中间桥梁的网络表演经纪机构，对直播内容有较大影响力，长期处于管理的空白地带，亟须提高管理工作的精细化水平，进一步明确平台、主播、经纪机构三方关系，形成平台管经纪机构、经纪机构管主播的层层责任传导机制，加强网络表演行业内容源头管理，引导粉丝理性追星、治理粉丝圈乱象，推动网络表演行业健康发展。

《网络表演经纪机构管理办法》出台后，将对直播市场产生重大影响。一是网络表演经纪机构实行"双证制"。①网络表演经纪机构应当依法取得营业性演出许可证。②根据《营业性演出管理条例》，演出经纪机构申请从事营业性演出经营活动，需要同时满足：应当有3名以上专职演出经纪人员，即通过演出经纪人考试，获得演出经纪人资格证书的经纪人员；经纪人员与所签约网络表演者人数比例原则上不低于1∶100。二是"18个月过渡期"。《网络表演经纪机构管理办法》给予18个月的过渡期，18个月内未取得相关资质而从事网络表演经纪活动的，不受《网络表演经纪机构管理办法》处罚。"18个月过渡期"于2021年8月起算，也即2022年9月演出经纪人考试为过渡期内文化和旅游部组织的唯一一次考试，下次考试时间为2023年9月。文化和旅游部组织平台将在本办法实施后的18个月缓冲期后，对所有在本平台开展的网络表演经纪机构核验"营业性演出许可证"。所有网络表演经纪机构需要在期限内上传合法有效的"营业性演出许可证"至平台报备核验，持证经纪人员与签约网络表演者人数占比也需符合《网

表演经纪机构管理办法》要求的最低比例需求，否则可能面临被文化和旅游主管部门处罚。

三、《2022年全国演出经纪人员资格认定考试大纲》发布

2022年5月9日，文化和旅游部市场管理司发布《2022年全国演出经纪人员资格认定考试大纲》。新大纲在2021年大纲基本框架和编写体例的基础上，根据党和国家文化工作的方针政策、文娱治理、依法治国等最新实践成果、理论成果、制度成果及现行法律法规修订变化情况，对演出经纪人考试知识点、大纲附录进行了大量增删，亮点可以总结为"三个性质"（政治性、严肃性和针对性）、"三个优化"（科目、内容和体例），充分体现了当下国家对演出市场的监管要求和方向，明确了演出经纪人所需具备的基本知识和基本技能。

一是重点理解和把握新大纲的"三个性质"。①政治性。新大纲突出思想政治和意识形态要求，加大思想政治考核比例。考试科目由《演出市场政策与法律法规》和《演出经纪实务》调整为《思想政治与法律基础》和《演出市场政策与经纪实务》，加大政治理论和意识形态考察比重，要求重点掌握习近平新时代中国特色社会主义思想、党的十九大及十九届历次会议精神、习近平总书记关于文艺工作的系列重要论述精神和中央关于文化工作方针政策，强调文艺工作者要承担起举旗帜、聚民心、育新人、兴文化、展形象的使命任务，讲品位、讲格调、讲责任，不断提高思想品德修养、职业道德素养和人文艺术涵养，争取做到德艺双馨。②严肃性。随着国家"放管服"改革、职责调整、行政审批事项改革等的深入推进，截至2022年保留下来的准入类国家职业资格总共有31项，演出经纪人员资格和法律职业资格、注册会计师资格、医生资格等一样，属于考试通过并经行政许可才准入执业的准入类资格，含金量不言而喻。以前的演出经纪人考试由演出行业协会进行组织和发证，2022年革故鼎新，由文化和旅游部统一组织考试和发证，使演出经纪人资格成为标准高、水平高、效力高，真正具有权威性、严肃性和公信力的国家职业资格。考生在备考过程中，不要盲从盲信"内部人士"和小道消息，不要相信押题密卷和考试范围，国家级考试只会更加公开、公平、公正，扎实学习和科学备考是考试通关的唯一选择。③针对性。畸形审美、"饭圈"乱象、艺人违法失德、天价片酬、"阴阳合同"、偷逃税等问题引起社会舆论广泛关注，中央三令五申，文化和旅游部专题

部署文化和旅游系统文娱领域综合治理工作，要求从严从实加大文娱领域突出问题整治力度，坚决遏制歪风邪气、铲除其滋生土壤，培育坚守初心、德艺双馨的文艺工作者，营造积极向上、充盈正气的文艺生态。综合治理相关文件精神以及《演出经纪人员管理办法》等部门规章和行业规范是大纲重点，也是最基础的考试备考内容。

　　二是理解和把握新大纲的增删优化。①新大纲优化了考试的科目、内容和体例，系统完整地提出了经纪人员资格认定考试的重点和要点。考试科目由《演出市场政策与法律法规》和《演出经纪实务》调整为《思想政治与法律基础》和《演出市场政策与经纪实务》。其中，科目一分为思想政治与法律基础两部分，包括了思想政治基础知识、党史国情、文化工作方针，以及与演出市场密切相关的法律法规等内容，同时新增了中国特色社会主义思想和党的十九大精神及《民法典》在内的一系列新的法规和条例。科目二分为演出市场政策与演出经纪实务两部分。《营业性演出管理条例》及其实施细则、近年来营业性演出市场的政策文件规定是重点考核内容。总体而言，法律法规和监管政策构成了新大纲的主要内容，充分体现了国家对演出经纪人市场合规化、规范化发展的重视。②新大纲增加了《突发事件应对》《商标法》《税收征收管理法》等法律法规内容，增加了文艺基础知识、演出市场概况等实务性内容，提到了演出风险管理、国际演出经纪等新业态、新形势，增加了疫情防控政策等内容。对2021年大纲要求的法规和条例的知识点考核范围也做了调整，原本属于了解内容的知识点，新大纲纳入考核范畴。③2022年新大纲内容专门标注了"了解""熟悉""掌握"三个层次，从轻到重，明晰考核目标和考核重点，便于考生复习。考生备考应紧紧围绕大纲，抓住重点，避免走入备考误区，偏离大纲考核方向。

四、考试辅导教材编写

　　本书专家编写组成员来自国内知名高校，核心成员具有在国家文化和旅游主管部门从事政策研究、法规制定、行政监管等丰富经验和行业背景。按照文化和旅游部《2022年全国演出经纪人员资格认定考试大纲》要求，对《思想政治与法律基础》及《演出市场政策与经纪实务》要点进行梳理、解读，形成一套知识丰富、条理清晰、重点突出的课程体系，帮助考生更好地把握学习重点，掌握学习技巧，且每章都配有章节知识思维导图，方便理解与记忆，以提升考生的学习效率和质量。

过渡期内演出经纪人考试只有一次，考试大纲调整变化大，考试竞争相对激烈，希望本书能成为助考利器，帮助广大考生把握宝贵的窗口时机，顺利通过考试。

本书专家编写组
2022年5月

目录 CONTENTS

第一部分 思想基础

3 / 第一章 基础知识

15 / 第二章 党史和国情

35 / 第三章 文化工作方针、政策

第二部分 法律基础

57 / 第四章 《宪法》及相关法

67 / 第五章 《民法典》

105 / 第六章 税收法律制度

119 / 第七章 卫生法律制度

125 / 第八章 安全法律制度

141 / 第九章 知识产权法律制度

163 / 第十章　外国人在中国就业法律制度

173 / 第十一章　未成年人保护法律制度

179 / 第十二章　其他相关法律制度

思想基础

第一部分

SIXIANGJICHU

第一章
基础知识

1. 考试大纲

熟悉党的十九大及十九届历次全会精神。掌握习近平新时代中国特色社会主义思想的核心要义（"十个明确"），"两个确立"的决定性意义，习近平新时代中国特色社会主义思想的重要历史地位；党的十九大报告关于新时代坚持和发展中国特色社会主义的基本方略（"十四个坚持"），我国社会主要矛盾的论述；增强"四个意识"、坚定"四个自信"、做到"两个维护"的基本内容和重要意义；社会主义核心价值观的基本内容；坚持新发展理念和构建新发展格局的基本内容；"两个一百年"奋斗目标的基本内容；习近平总书记关于构建人类命运共同体、弘扬人类共同价值的重要论述；"一带一路"倡议的基本内容。

2. 大纲解读

序号	主要内容	考纲要求
1	党的十九大及十九届历次全会精神	熟悉
2	习近平新时代中国特色社会主义思想的核心要义、"两个确立"的决定性意义、习近平新时代中国特色社会主义思想的重要历史地位	掌握
3	党的十九大报告关于新时代坚持和发展中国特色社会主义的基本方略（"十四个坚持"），我国社会主要矛盾的论述	掌握
4	增强"四个意识"、坚定"四个自信"、做到"两个维护"的基本内容和重要意义	掌握
5	社会主义核心价值观的基本内容	掌握
6	坚持新发展理念和构建新发展格局的基本内容	掌握
7	"两个一百年"奋斗目标的基本内容	掌握
8	习近平总书记关于构建人类命运共同体、弘扬人类共同价值的重要论述	掌握
9	"一带一路"倡议的基本内容	掌握

3. 思维导图

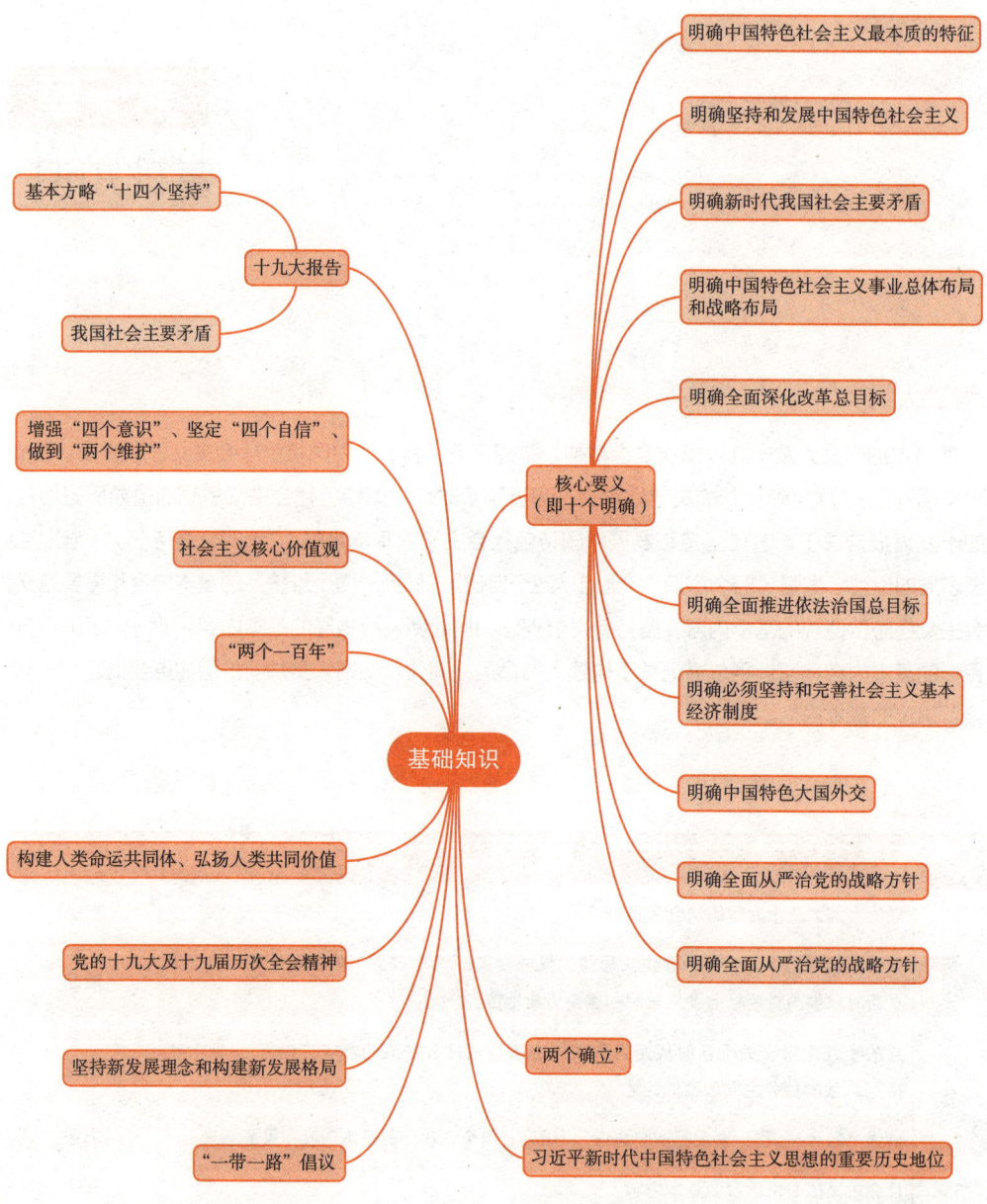

知识点精讲

知识点一

党的十九大及十九届历次全会精神[①]（熟悉）

序号	名称	召开时间	主要内容
1	十九大	2017年10月11~24日	审议通过了关于《中国共产党章程（修正案）》的决议，做出了中国特色社会主义进入了新时代、中国社会主要矛盾已经转化为人民日益增长的美好生活需要和不平衡不充分的发展之间的矛盾等重大政治论断，阐述了新时代中国共产党的历史使命，确立了习近平新时代中国特色社会主义思想的历史地位，提出了新时代坚持和发展中国特色社会主义的基本方略，确定了决胜全面建成小康社会、开启全面建设社会主义现代化国家新征程的目标，对新时代推进中国特色社会主义伟大事业和党的建设新的伟大工程作出了全面部署
1	一中全会	2017年10月25日	选举了中央政治局委员、中央政治局常务委员会委员、中央委员会总书记；根据中央政治局常务委员会的提名，通过了中央书记处成员，决定了中央军事委员会组成人员；批准了十九届中央纪律检查委员会第一次全体会议选举产生的书记、副书记和常务委员会委员人选
2	二中全会	2018年1月18~19日	审议通过了《中共中央关于修改宪法部分内容的建议》。全会号召，全党同志要更加紧密地团结在以习近平同志为核心的党中央周围，以习近平新时代中国特色社会主义思想为指导，全面深入贯彻党的十九大精神和本次全会精神，牢固树立政治意识、大局意识、核心意识、看齐意识，坚定不移走中国特色社会主义法治道路，自觉维护宪法权威、保证宪法实施，为新时代推进全面依法治国、建设社会主义法治国家而努力奋斗
3	三中全会	2018年2月26~28日	审议通过了《中共中央关于深化党和国家机构改革的决定》和《深化党和国家机构改革方案》，同意把《深化党和国家机构改革方案》的部分内容按照法定程序提交十三届全国人大一次会议审议。全党全国各族人民要紧密团结在以习近平同志为核心的党中央周围，统一思想，统一行动，锐意改革，确保完成深化党和国家机构改革的各项任务，不断构建系统完备、科学规范、运行高效的党和国家机构职能体系，为决胜全面建成小康社会、加快推进社会主义现代化、实现中华民族伟大复兴的中国梦而奋斗

[①] 求是网. 盘点：十九届中央纪委历次全会. http://www.qstheory.cn/laigao/ycjx/2022-01/17/c_1128313663.htm。

续表

序号	名称	召开时间	主要内容
4	四中全会	2019年10月28~31日	审议通过了《中共中央关于坚持和完善中国特色社会主义制度、推进国家治理体系和治理能力现代化若干重大问题的决定》。全党全国各族人民要更加紧密地团结在以习近平同志为核心的党中央周围，坚定信心，保持定力，锐意进取，开拓创新，为坚持和完善中国特色社会主义制度、推进国家治理体系和治理能力现代化，实现"两个一百年"奋斗目标、实现中华民族伟大复兴的中国梦而努力奋斗
5	五中全会	2020年10月26~29日	审议通过了《中共中央关于制定国民经济和社会发展第十四个五年规划和二〇三五年远景目标的建议》。全会一致认为，有习近平同志作为党中央的核心、全党的核心领航掌舵，有全党全国各族人民团结一心、顽强奋斗，我们就一定能够战胜前进道路上出现的各种艰难险阻，一定能够在新时代把中国特色社会主义更加有力地推向前进
6	六中全会	2021年11月8~12日	审议通过了《中共中央关于党的百年奋斗重大成就和历史经验的决议》，指出"习近平新时代中国特色社会主义思想是当代中国马克思主义、二十一世纪马克思主义，是中华文化和中国精神的时代精华，实现了马克思主义中国化新的飞跃"

知识点二

习近平新时代中国特色社会主义思想的核心要义（"十个明确"），"两个确立"的决定性意义，习近平新时代中国特色社会主义思想的重要历史地位（掌握）

1. 习近平新时代中国特色社会主义思想的核心要义（"十个明确"）

《中共中央关于党的百年奋斗重大成就和历史经验的决议》[①]，在党的十九大报告"八个明确"的基础上，进一步概括了习近平新时代中国特色社会主义思想的核心内容即"十个明确"。

（1）明确中国特色社会主义最本质的特征是中国共产党领导，中国特色社会主义制度的最大优势是中国共产党领导，中国共产党是最高政治领导力量，全党必须增强"四个意识"、坚定"四个自信"、做到"两个维护"；

（2）明确坚持和发展中国特色社会主义，总任务是实现社会主义现代化和中华民族伟大复兴，在全面建成小康社会的基础上，分两步走在本世纪中叶建成富强民主文明和谐美丽的社会主义现代化强国，以中国式现代化推进中华民族伟大复兴；

（3）明确新时代我国社会主要矛盾是人民日益增长的美好生活需要和不平衡不充

---

① 2021年11月11日中国共产党第十九届中央委员会第六次全体会议通过。

分的发展之间的矛盾，必须坚持以人民为中心的发展思想，发展全过程人民民主，推动人的全面发展、全体人民共同富裕取得更为明显的实质性进展；

（4）明确中国特色社会主义事业总体布局是经济建设、政治建设、文化建设、社会建设、生态文明建设五位一体，战略布局是全面建设社会主义现代化国家、全面深化改革、全面依法治国、全面从严治党四个全面；

（5）明确全面深化改革总目标是完善和发展中国特色社会主义制度、推进国家治理体系和治理能力现代化；

（6）明确全面推进依法治国总目标是建设中国特色社会主义法治体系、建设社会主义法治国家；

（7）明确必须坚持和完善社会主义基本经济制度，使市场在资源配置中起决定性作用，更好发挥政府作用，把握新发展阶段，贯彻创新、协调、绿色、开放、共享的新发展理念，加快构建以国内大循环为主体、国内国际双循环相互促进的新发展格局，推动高质量发展，统筹发展和安全；

（8）明确党在新时代的强军目标是建设一支听党指挥、能打胜仗、作风优良的人民军队，把人民军队建设成为世界一流军队；

（9）明确中国特色大国外交要服务民族复兴、促进人类进步，推动建设新型国际关系，推动构建人类命运共同体；

（10）明确全面从严治党的战略方针，提出新时代党的建设总要求，全面推进党的政治建设、思想建设、组织建设、作风建设、纪律建设，把制度建设贯穿其中，深入推进反腐败斗争，落实管党治党政治责任，以伟大自我革命引领伟大社会革命。

2. "两个确立"的决定性意义

党的十九届六中全会通过的《中共中央关于党的百年奋斗重大成就和历史经验的决议》指出："党确立习近平同志党中央的核心、全党的核心地位，确立习近平新时代中国特色社会主义思想的指导地位，反映了全党全军全国各族人民共同心愿，对新时代党和国家事业发展、对推进中华民族伟大复兴历史进程具有决定性意义。"

3. 习近平新时代中国特色社会主义思想的重要历史地位

习近平新时代中国特色社会主义思想，是对马克思列宁主义、毛泽东思想、邓小平理论、"三个代表"重要思想、科学发展观的继承和发展，是马克思主义中国化最新成果，是党和人民实践经验和集体智慧的结晶，是中国特色社会主义理论体系的重要组成部分，是全党全国人民为实现中华民族伟大复兴而奋斗的行动指南，必须长期坚持并不断发展。

知识点三

党的十九大报告关于新时代坚持和发展中国特色社会主义的基本方略（"十四个坚持"），我国社会主要矛盾的论述（掌握）

1. 新时代坚持和发展中国特色社会主义的基本方略

党的十九大报告①提出的"十四个坚持"，是新时代坚持和发展中国特色社会主义的基本方略，是对习近平新时代中国特色社会主义思想的实践展开。

"十四个坚持"，就是坚持党对一切工作的领导，坚持以人民为中心，坚持全面深化改革，坚持新发展理念，坚持人民当家做主，坚持全面依法治国，坚持社会主义核心价值体系，坚持在发展中保障和改善民生，坚持人与自然和谐共生，坚持总体国家安全观，坚持党对人民军队的绝对领导，坚持"一国两制"和推进祖国统一，坚持推动构建人类命运共同体，坚持全面从严治党。

2. 我国社会主要矛盾的论述

中国特色社会主义进入新时代，我国社会主要矛盾已经转化为人民日益增长的美好生活需要和不平衡不充分的发展之间的矛盾。我国稳定解决了十几亿人的温饱问题，总体上实现小康，不久将全面建成小康社会，人民美好生活需要日益广泛，不仅对物质文化生活提出了更高要求，而且在民主、法治、公平、正义、安全、环境等方面的要求日益增长。同时，我国社会生产力水平总体上显著提高，社会生产能力在很多方面进入世界前列，更加突出的问题是发展不平衡不充分，这已经成为满足人民日益增长的美好生活需要的主要制约因素。

---

① 见《决胜全面建成小康社会夺取新时代中国特色社会主义伟大胜利——在中国共产党第十九次全国代表大会上的报告》。（2017年10月18日）

知识点四

增强"四个意识"、坚定"四个自信"、做到"两个维护"的基本内容和重要意义（掌握）

1. "四个意识"：政治意识、大局意识、核心意识、看齐意识

习近平总书记在庆祝中国共产党成立95周年大会上的讲话强调，全党同志要增强政治意识、大局意识、核心意识、看齐意识，切实做到对党忠诚、为党分忧、为党担责、为党尽责，自觉在思想上政治上行动上同党中央保持高度一致。

政治意识。要求从政治上看待、分析和处理问题。我们党作为马克思主义政党，讲政治是突出的特点和优势。政治意识表现为坚定政治信仰，坚持正确的政治方向，坚持政治原则，站稳政治立场，保持政治清醒和政治定力，增强政治敏锐性和政治鉴别力；严肃党内政治生活，严守政治纪律和政治规矩，研究制定政策要把握政治方向，谋划推进工作要贯彻政治要求，解决矛盾问题要注意政治影响，发展党员、选人用人要突出政治标准，对各类组织要加强政治领导、政治引领，对各类人才要加强政治吸纳。

大局意识。大局意识要求自觉从大局看问题，把工作放到大局中去思考、定位、摆布，做到正确认识大局、自觉服从大局、坚决维护大局。增强大局意识，就是要正确处理中央与地方、局部与全局、当前与长远的关系，自觉从党和国家大局出发想问题、办事情、抓落实，坚决贯彻落实中央决策部署，确保中央政令畅通。

核心意识。核心意识要求在思想上认同核心、在政治上围绕核心、在组织上服从核心、在行动上维护核心。增强核心意识，就是要始终坚持、切实加强党的领导特别是党中央的集中统一领导，更加紧密地团结在以习近平同志为核心的党中央周围，更加坚定地维护党中央权威，更加自觉地在思想上政治上行动上同党中央保持高度一致，更加扎实地把党中央部署的各项任务落到实处，确保党始终成为中国特色社会主义事业的坚强领导核心。

看齐意识。看齐意识要求向党中央看齐，向党的理论和路线方针政策看齐，向党中央决策部署看齐，做到党中央提倡的坚决响应、党中央决定的坚决执行、党中央禁止的坚决不做。这"三个看齐""三个坚决"是政治要求，也是政治纪律，各级党组织和广大党员、干部要树立高度自觉的看齐意识，经常和党中央要求"对表"，看看有没有"慢半拍"的问题，有没有"时差"的问题，有没有"看不齐"的问题，主动

进行调整、纠正、校准。

"四个意识"是一个意蕴深刻、相互联系的有机整体，集中体现了根本的政治方向、政治立场、政治要求，是检验党员、干部政治素养的基本标准。增强"四个意识"、自觉维护习近平总书记的核心地位，对于维护党中央权威、维护党的团结和集中统一领导，对全党全军全国各族人民更好凝聚力量抓住机遇、战胜挑战，对全党团结一心、不忘初心、继续前进，对保证党和国家兴旺发达、长治久安，具有十分重大的意义。

树立"四个意识"是弘扬优良作风、加强党性修养的必然要求。党性说到底就是立场问题。我们共产党人特别是领导干部都应该心胸开阔、志存高远，始终心系党、心系人民、心系国家，自觉坚持党性原则。在新的历史条件下加强党性修养，核心是不断增强"四个意识"。增强政治意识，就是要把好政治方向、站稳政治立场，对党和人民绝对忠诚。增强大局意识，就是要自觉贯彻落实党中央的决策部署。增强核心意识，就是要加强党的领导、维护党中央权威。增强看齐意识，就是要在思想上政治上行动上同党中央保持高度一致。

2. "四个自信"：道路自信、理论自信、制度自信和文化自信

习近平总书记在庆祝中国共产党成立 95 周年大会上的讲话指出，坚持不忘初心、继续前进，就要坚持中国特色社会主义道路自信、理论自信、制度自信、文化自信，坚持党的基本路线不动摇，不断把中国特色社会主义伟大事业推向前进。

坚定"四个自信"，既体现出了中国共产党对于带领中国人民夺取中国特色社会主义建设事业不断胜利的必胜信念，也体现了中国共产党敢于承担中华民族伟大复兴历史重任的时代担当。每一名党员都要做到坚定中国特色社会主义道路自信、理论自信、制度自信和文化自信：坚信中国特色社会主义道路是实现社会主义现代化的必由之路，是创造人民美好生活的必由之路；坚信中国特色社会主义理论体系是指导党和人民沿着中国特色社会主义道路实现中华民族伟大复兴的正确理论，是立于时代前沿、与时俱进的科学理论；坚信中国特色社会主义制度是当代中国发展进步的根本制度保障，是具有鲜明中国特色、明显制度优势、强大自我完善能力的先进制度；坚信中国特色社会主义文化是代表着中华民族独特的精神标识，积淀着中华民族最深层的精神追求，是凝聚和团结全国各族人民奋勇向前的精神力量。全体党员牢固树立"四

个意识"、坚定"四个自信",提高适应新时代、实现新目标、落实新部署的能力,为实现中华民族伟大复兴而努力奋斗。

3. "两个维护":坚决维护习近平总书记党中央的核心、全党的核心地位;坚决维护党中央权威和集中统一领导。

《中共中央关于加强党的政治建设的意见》明确指出:"坚持和加强党的全面领导,最重要的是坚决维护党中央权威和集中统一领导;坚决维护党中央权威和集中统一领导,最关键的是坚决维护习近平总书记党中央的核心、全党的核心地位。"

坚决做到"两个维护",是我们党最重要的政治纪律和政治规矩,是当前加强党的政治建设的首要任务,是共产党员践行初心使命的首要政治要求;是全党团结带领全国各族人民为实现伟大梦想共同奋斗的根本政治保证。

要深刻把握"两个确立"的决定性意义,不断增强坚决做到"两个维护"的思想自觉、政治自觉、行动自觉。要思想上高度认同核心,政治上坚决忠诚核心,行动上始终维护核心,始终同以习近平同志为核心的党中央保持高度一致,把"两个确立"转化为坚决做到"两个维护"的自觉行动。

知识点五

社会主义核心价值观的基本内容[①]**(掌握)**

倡导富强、民主、文明、和谐,倡导自由、平等、公正、法治,倡导爱国、敬业、诚信、友善,积极培育和践行社会主义核心价值观。

知识点六

坚持新发展理念和构建新发展格局的基本内容(掌握)

1. 坚持新发展理念[②]

习近平总书记指出:"发展必须是科学发展,必须坚定不移贯彻创新、协调、绿

---

① 见中共中央办公厅印发的《关于培育和践行社会主义核心价值观的意见》(中办发〔2013〕24号)。

② 见《习近平新时代中国特色社会主义思想学习纲要》。

色、开放、共享的发展理念。"新发展理念不是凭空得来的,是在深刻总结国内外发展经验教训、深刻分析国内外发展大势的基础上形成的,是针对我国发展中的突出矛盾和问题提出来的。坚持新发展理念,是关系我国发展全局的一场深刻变革。

创新是引领发展的第一动力,创新发展注重的是解决发展动力问题,必须把创新摆在国家发展全局的核心位置,让创新贯穿党和国家一切工作。协调是持续健康发展的内在要求,协调发展注重的是解决发展不平衡问题,必须正确处理发展中的重大关系,不断增强发展整体性。绿色是永续发展的必要条件和人民对美好生活追求的重要体现,绿色发展注重的是解决人与自然和谐共生问题,必须实现经济社会发展和生态环境保护协同共进,为人民群众创造良好生产生活环境。开放是国家繁荣发展的必由之路,开放发展注重的是解决发展内外联动问题,必须发展更高层次的开放型经济,以扩大开放推进改革发展。共享是中国特色社会主义的本质要求,共享发展注重的是解决社会公平正义问题,必须坚持全民共享、全面共享、共建共享、渐进共享,不断推进全体人民共同富裕。

创新、协调、绿色、开放、共享的发展理念,相互贯通、相互促进,是具有内在联系的集合体,要统一贯彻,不能顾此失彼,也不能相互替代。哪一个发展理念贯彻不到位,发展进程都会受到影响。

新发展理念具有很强的战略性、纲领性、引领性,必须贯穿经济活动全过程。要努力提高统筹贯彻新发展理念的能力和水平,把新发展理念作为指挥棒、红绿灯,对不适应、不适合甚至违背新发展理念的认识要立即调整,行为要坚决纠正,做法要彻底摒弃,真正做到崇尚创新、注重协调、倡导绿色、厚植开放、推进共享。

习近平总书记在《把握新发展阶段,贯彻新发展理念,构建新发展格局》[①]中提出,新发展理念是一个系统的理论体系,回答了关于发展的目的、动力、方式、路径等一系列理论和实践问题,阐明了我们党关于发展的政治立场、价值导向、发展模式、发展道路等重大政治问题。全党必须完整、准确、全面贯彻新发展理念。

2. 构建新发展格局

党的十九届五中全会做出了"加快构建以国内大循环为主体、国内国际双循环相

---

① 习近平总书记2021年1月11日在省部级主要领导干部学习贯彻党的十九届五中全会精神专题研讨班上的讲话。

互促进的新发展格局"的战略部署。

大循环是指以国内大循环为主体，以扩大内需为战略基点，不是要"闭关锁国"、主动与国际"脱钩"，而是要进一步扩大高水平对外开放，特别是要从商品和要素流动型开放走向制度型开放，打开国门搞建设，要以高水平的开放助推国际经济大循环。

双循环是指以国内大循环为主体、国内国际双循环相互促进的新发展格局，就是要以国内的生产、消费、投资为主体，利用国内内需潜力，通过国内"内循环"接力稳增长。以国内大循环为主体，利用国内雄厚的工业基础、完整产业链条、超大市场规模等特点，畅通生产、分配、流通、消费等经济运行的各个环节来推动实现内部自我循环，包括供需循环、产业循环、区域循环、城乡循环与要素循环等。

构建新发展格局，关键在于实现经济循环流转和产业关联畅通。根本要求是提升供给体系的创新力和关联性，解决各类"卡脖子"和瓶颈问题，畅通国民经济循环。"十四五"时期有以下重大战略任务：坚持创新驱动，全面塑造发展新优势；坚持深化改革，破除制约经济循环的制度障碍；坚持互利共赢，以高水平对外开放畅通国内国际双循环；坚持系统观念，促进构建新发展格局同实施一系列国家重大战略有机衔接。

知识点七

"两个一百年"奋斗目标[①]的基本内容（掌握）

在中国共产党成立一百年时，全面建成小康社会；在中华人民共和国成立一百年时，全面建成社会主义现代化强国。

知识点八

习近平总书记关于构建人类命运共同体、弘扬人类共同价值的重要论述（节选）（掌握）

（1）人类发展进步大潮滚滚向前，世界经济时有波折起伏，但各国走向开放、走

[①] 见 2017 年 10 月 18 日习近平在中国共产党第十九次全国代表大会上的报告《决胜全面建成小康社会夺取新时代中国特色社会主义伟大胜利》。

向融合的大趋势没有改变。产业链、价值链、供应链不断延伸和拓展，带动了生产要素全球流动，助力数十亿人口脱贫致富。各国相互协作、优势互补是生产力发展的客观要求，也代表着生产关系演变的前进方向。在这一进程中，各国逐渐形成利益共同体、责任共同体、命运共同体。无论前途是晴是雨，携手合作、互利共赢是唯一正确选择。这既是经济规律使然，也符合人类社会发展的历史逻辑①。

（2）"大道之行也，天下为公。"和平、发展、公平、正义、民主、自由，是全人类的共同价值，也是联合国的崇高目标。目标远未完成，我们仍须努力。当今世界，各国相互依存、休戚与共。我们要继承和弘扬联合国宪章的宗旨和原则，构建以合作共赢为核心的新型国际关系，打造人类命运共同体②。

（3）人类是一个整体，地球是一个家园。任何人、任何国家都无法独善其身。人类应该和衷共济、和合共生，朝着构建人类命运共同体方向不断迈进，共同创造更加美好未来。推动构建人类命运共同体，不是以一种制度代替另一种制度，不是以一种文明代替另一种文明，而是不同社会制度、不同意识形态、不同历史文化、不同发展水平的国家在国际事务中利益共生、权利共享、责任共担，形成共建美好世界的最大公约数③。

知识点九

"一带一路"倡议的基本内容（掌握）

2013年秋，国家主席习近平在哈萨克斯坦和印度尼西亚先后提出共建"丝绸之路经济带"和"21世纪海上丝绸之路"，即"一带一路"倡议。在"一带一路"建设国际合作框架内，各方秉持共商、共建、共享原则，携手应对世界经济面临的挑战，开创发展新机遇，谋求发展新动力，拓展发展新空间，实现优势互补、互利共赢，不断朝着人类命运共同体方向迈进。2016年第71届联合国大会通过决议，首次写入"一带一路"倡议。

---

① 2018年11月30日，习近平在二十国集团领导人峰会第一阶段会议上的发言。
② 2015年9月28日，习近平在美国纽约联合国总部举行的第七十届联合国大会一般性辩论时的讲话。
③ 2021年10月25日，习近平在中华人民共和国恢复联合国合法席位50周年纪念会议上的讲话。

第二章
党史和国情

1. 考试大纲

了解2021年7月以来国内外时政大事。熟悉中国共产党领导中国革命、建设、改革和开创中国特色社会主义新时代历程中的重大事件、重要会议、重要人物。掌握《中共中央关于党的百年奋斗重大成就和历史经验的决议》关于中国共产党的初心使命、百年奋斗的主题和伟大建党精神的论述，中国共产党百年奋斗的历史意义和历史经验的总结。

2. 大纲解读

序号	主要内容	考纲要求
1	2021年7月以来国内外时政大事	了解
2	中国共产党领导中国革命、建设、改革和开创中国特色社会主义新时代历程中的重大事件、重要会议、重要人物	熟悉
3	《中共中央关于党的百年奋斗重大成就和历史经验的决议》关于中国共产党的初心使命、百年奋斗的主题和伟大建党精神的论述，中国共产党百年奋斗的历史意义和历史经验的总结	掌握

3. 思维导图

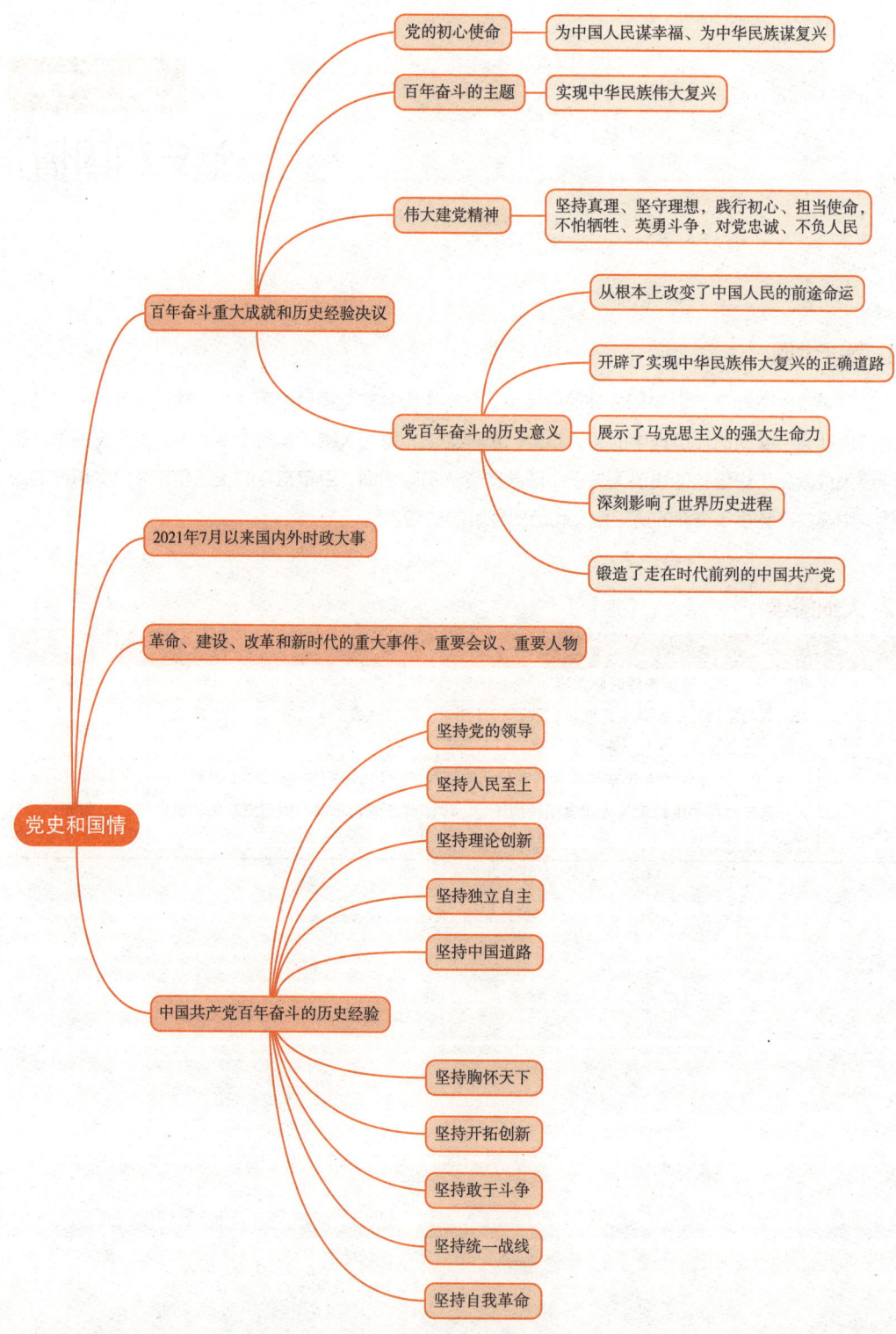

知 识 点 精 讲

知识点一
2021 年 7 月以来国内外时政大事（了解）

略。

知识点二
中国共产党领导中国革命、建设、改革和开创中国特色社会主义新时代历程中的重大事件、重要会议、重要人物（熟悉）

1. 中国共产党成立

1921 年 7 月 23 日，中国共产党第一次全国代表大会在上海法租界望志路 106 号（今兴业路 76 号）召开。国内各地的党组织和旅日的党组织派出 13 名代表，代表全国 50 多名党员。7 月 30 日晚，因法租界巡捕搜查会议地点，最后一天会议改在浙江嘉兴南湖的游船上举行。大会确定党的名称为"中国共产党"，党纲是"以无产阶级革命军队推翻资产阶级"；"采用无产阶级专政，以达到阶级斗争的目的——消灭阶级"；"废除资本家私有制"以及联合第三国际。大会选举陈独秀为中央局书记。一大宣告中国共产党正式成立，这是中国历史上开天辟地的大事，中国革命面目从此焕然一新。

2. 二大制定党的最低纲领和最高纲领

1922 年 7 月，中国共产党第二次全国代表大会在上海举行。二大阐明了中国革命的性质、对象和动力，制定了党的最低纲领和最高纲领。最低纲领为"清除内乱，打倒军阀，建设国内和平；推翻国际帝国主义的压迫，达到中华民族完全独立；统一中国为真正的民主共和国"。最高纲领为"组织无产阶级，用阶级斗争的手段，建立劳农专政的政治，铲除私有财产制度，渐次达到一个共产主义社会"。

3. 党的三大

1923年6月12~20日，在广州召开中国共产党第三次全国代表大会，对国共合作的方针和办法做出了正式的决定，共产党员以个人身份加入国民党，在加入国民党时，共产党员必须在政治上、思想上、组织上保持自己的独立性。三大确定的建立国共合作革命统一战线的策略，促进了第一次国共合作的实现，使共产党活动的政治舞台迅速扩大，加速了中国革命的步伐，为波澜壮阔的第一次大革命做了准备。

4. 第一次国共合作

中共三大决定采取党内合作形式实行国共合作后，1924年1月，中国国民党第一次全国代表大会召开，重新解释三民主义，事实上确立联俄、联共、扶助农工三大政策，标志着第一次国共合作正式形成。其间，爆发了五卅运动、省港大罢工，统一广东革命根据地，发动北伐战争，湘鄂赣工农运动高涨。1927年，蒋介石制造四一二反革命政变，汪精卫制造七一五反革命政变，疯狂屠杀共产党人、革命群众和国民党左派，国共合作宣告破裂。轰轰烈烈的大革命虽然失败了，但它沉重打击了帝国主义在华势力，基本推翻了北洋军阀的反动统治，使民主革命思想在全国范围内得到空前的传播，促进了中国广大民众的觉醒，推动了中国社会的进步。

5. 北伐战争

1926年7月9日，国民革命军在广州誓师北伐，直接目标是受帝国主义支持的北洋军阀。在北伐进军过程中，共产党人在军队组织工作和发动工农群众方面做出了巨大贡献，党直接领导的叶挺独立团作为北伐军的先遣部队，连克汀泗桥和贺胜桥，建立重大功勋。1927年3月，长江以南地区完全为北伐军占领。国民党蒋介石集团和汪精卫集团相继叛变革命，一段时间后达成妥协，宁、汉两个"国民政府"合流。1928年4月，国民党军队继续北伐。西北的冯玉祥和山西的阎锡山加入，6月占领北京，12月张学良东北易帜。至此，国民党在全国范围内建立了自己的统治，中国实现了形式上的统一。

6. 南昌起义

1927年7月中旬，中共中央政治局临时常委会决定发动南昌起义，召集中央紧急会议讨论和决定大革命失败后的新方针。8月1日，在以周恩来为书记的中共中央前敌委员会（简称"前委"）领导下，贺龙、叶挺、朱德、刘伯承等人，率领中共所掌握和影响下的军队2万多人，在南昌打响武装反抗国民党反动派的第一枪。南昌起义在全党和全国人民面前树立起一面革命武装斗争的旗帜，标志着中国共产党独立领导革命战争、创建人民军队和武装夺取政权的开始。

7. 八七会议

1927年8月7日，中共中央在汉口召开紧急会议（即八七会议）。会议着重批判了大革命后期以陈独秀为首的中央所犯的右倾机会主义错误，确定了土地革命和武装起义的方针，提出整顿队伍、纠正错误，"找到新的道路"的任务，选出以瞿秋白为首的新的中共中央临时政治局。在中国革命处于严重危机的情况下，八七会议及时制定出继续进行革命的新方针，使党在政治上更进了一步，中国革命从此开始由大革命失败到土地革命兴起的历史性转变。

8. 秋收起义

八七会议后，中共中央临时政治局决定让毛泽东以中央特派员身份到湖南传达八七会议精神，改组省委，领导秋收起义。1927年9月9日，湘赣边界秋收起义爆发。9月19日，毛泽东在文家市召开前委会议，否定"取浏阳直攻长沙"的主张，决定将部队转移到敌人力量薄弱的农村，寻找落脚点。从进攻大城市转向进攻农村，这是中国人民革命发展史上具有决定意义的新起点。

9. 三湾改编

1927年9月29日，秋收起义军到达江西永新县三湾村，在毛泽东的领导下进行了改编，史称三湾改编。前委将已不足千人的部队由原来的一个师缩编为一个团；建立党的各级组织和党代表制度，党的支部建在连上，班、排有小组，连以上设党代表，营、团设党委；成立各级士兵委员会，实行民主制度，在政治上官兵平等。这些措施开始改变起义军中旧军队的习气和不良之风，从组织上确立了党对军队的领导，是建设无产阶级领导的新型人民军队的重要开端。

10. 创建井冈山革命根据地

大革命失败后，在全党寻找中国革命新道路而进行的艰苦探索中，1927年10月，毛泽东率领秋收起义部队上湘、赣两省交界的井冈山，进行创建革命根据地、开展工农武装割据的斗争，代表了中国革命发展的正确方向。1928年2月，井冈山革命根据地初步形成。农村包围城市、武装夺取政权思想的提出，标志着中国化的马克思主义即毛泽东思想的初步形成。这是马克思主义在中国的创造性运用和发展，毛泽东是马克思主义中国化的伟大开拓者。

11. 古田会议

1929年12月28~29日，中共红四军第九次代表大会在福建省上杭县古田召开，即古田会议。会议传达了中共中央指示，通过了八个决议案，选举产生了新的中共红四军前敌委员会，毛泽东当选为书记。古田会议决议案的中心思想是用无产阶级思想进行军队和党的建设。在军队建设方面，决议规定中国的红军是一个执行革命的政治任务的武装集团，党指挥枪而不是枪指挥党等；在党的建设方面，决议强调了加强党的思想建设的重要性等。古田会议决议是中国共产党和红军建设的纲领性文献，是党和人民军队建设史上的里程碑，具有十分重要的意义。

12. 红军长征

由于"左"倾教条主义的错误，中央苏区第五次反"围剿"失败。1934年10月至1936年10月，红军第一、第二、第四方面军和第二十五军，在党的领导下，血战湘江，四渡赤水，巧渡金沙江，强渡大渡河，飞夺泸定桥，鏖战独树镇，勇克包座，转战乌蒙山，击退上百万穷凶极恶的追兵阻敌，征服空气稀薄的冰山雪岭，穿越渺无人烟的沼泽草地，纵横十余省，长驱二万五千里，以非凡的智慧和大无畏的英雄气概，战胜千难万险，付出巨大牺牲，胜利完成震撼世界、彪炳史册的长征。毛泽东主席说："长征是历史记录上的第一次，长征是宣言书，长征是宣传队，长征是播种机。"

13. 遵义会议

1935年1月15~17日，中共中央在遵义召开政治局扩大会议，集中全力解决当时具有决定意义的军事和组织问题，增补毛泽东为中央政治局常委。会后决定由张闻天代替博古负中央总的责任。3月中旬，成立毛泽东、周恩来、王稼祥组成的新的"三人团"，以周恩来为首，负责全军的军事行动。遵义会议是中共历史上一个生死攸关的转折点，开始确立了以毛泽东同志为主要代表的马克思主义正确路线在党中央的领导地位，开始形成以毛泽东同志为核心的党的第一代中央领导集体，这是党和革命事业转危为安、不断打开新局面最重要的保证①。

14. 一二·九运动

1935年12月9日，在中共北平临时工作委员会领导下，北平学生高喊"反对日本帝国主义""停止内战，一致对外"等口号，举行抗日救国示威游行。12月16日，北平学生和各界群众在天桥举行市民大会，反对"华北自治"，会后举行更大规模的示威游行，迫使冀察政务委员会延期成立。之后，天津、保定、太原、上海、武汉、广州等大中城市先后爆发学生的爱国行动，许多地方的工人也进行罢工，抗日救亡斗争发展成为全国规模的群众运动。一二·九运动揭露了日本吞并华北进而独占中国的阴谋，打击了国民党的妥协投降政策，极大地促进了中华民族的觉醒，标志着中国人民抗日救亡民主运动新高潮的到来。

15. 瓦窑堡会议

1935年12月17~25日，中共中央在陕北子长县瓦窑堡召开政治局扩大会议，即瓦窑堡会议。会议通过了《中央关于目前政治形势与党的任务决议》，毛泽东做了军事问题的报告，明确提出了党的基本策略任务是建立广泛的抗日民族统一战线。27日，毛泽东根据瓦窑堡会议决议精神，在党的活动分子会议上做了《论反对日本帝国主义的策略》的报告。瓦窑堡会议是从第五次反"围剿"失败到全民族抗战兴起过程中召开的一次重要会议。表明党在总结经验教训的基础上，正在从中国的实际情况出发，创造性地进行工作。

---

① 2016年10月21日习近平在纪念红军长征胜利80周年大会上的讲话。

16. 西安事变

1936年12月12日,张学良、杨虎城在西安扣留蒋介石,并向全国通电,提出停止内战、一致对外等八项主张。中共中央以中华民族利益的大局为重,独立自主地确定了用和平方式解决西安事变的方针,经过周恩来、张学良、杨虎城共同努力,迫使蒋介石做出"停止剿共,联红抗日"的承诺。西安事变的和平解决,成为时局转换的枢纽。在抗日的前提下,国共两党实行第二次合作成为不可抗拒的大势。

17. 卢沟桥事变——全民族抗战爆发

1937年7月7日夜,日本侵略军在北平西南的卢沟桥以北举行军事演习,借口一名士兵失踪,要求进入宛平城搜查,遭到拒绝后,即炮轰宛平城,攻击卢沟桥。当地中国驻军二十九军奋起抵抗,卢沟桥事变爆发。日本由此开始了全面侵华战争,中国则展开了全民族抗战。

18. 抗日民族统一战线的形成

卢沟桥事变爆发后的第二天,中共中央发出通电,号召"全中国同胞、政府与军队,团结起来,筑成民族统一战线的坚固长城,抵抗日寇的侵略!""国共两党亲密合作抵抗日寇的新进攻。"7月15日,中共代表周恩来等将《中共中央为公布国共合作宣言》交给蒋介石,表示以此作为国共合作的政治基础。8月22日,红军改编为国民革命军第八路军(简称"八路军");接着,南方八省的红军游击队改编为国民革命军陆军新编第四军(简称"新四军")。9月22日,国民党中央通讯社发表《中共中央为公布国共合作宣言》;23日,蒋介石发表实际承认共产党合法地位的谈话。中共中央的宣言和蒋介石的谈话,宣告国共两党重新合作和中国抗日民族统一战线的形成。

19. 百团大战

1940年8月20日至1941年1月24日,八路军总部在华北发动了一次对日军大规模的进攻。陆续参战的部队达到105个团、20余万人,史称"百团大战"。百团大战是全国抗战以来八路军在华北发动的规模最大、持续时间最长的一次带战略性进攻的战役,作战1824次,毙伤日、伪军2.5万人,打击了日军的侵略气焰,在抗战局面比较低迷时振奋了全国民心。

20. 党的七大

1945年4月23日至6月11日，中国共产党第七次全国代表大会在延安举行。大会通过毛泽东《论联合政府》政治报告、朱德《论解放区战场》军事报告和刘少奇《关于修改党章的报告》，选举产生新的中央委员会，确定"以马克思列宁主义的理论与中国革命的实践之统一的思想——毛泽东思想，作为自己一切工作的指针"。6月19日，七届一中全会选举毛泽东、朱德、刘少奇、周恩来、任弼时为中央书记处书记，毛泽东为中央委员会主席、中央政治局主席、中央书记处主席。七大以"团结的大会、胜利的大会"载入史册。

21. 抗日战争

1931年9月18日，日本关东军发动九一八事变，成为中国人民抗日战争的起点，中国人民不屈不挠的局部抗战揭开了世界反法西斯战争的序幕。1937年7月7日，日本侵略军发动卢沟桥事变，中国人民开始了全民族抗战。中国共产党制定和实施全面抗战路线和持久战的战略总方针，领导人民军队深入敌后发动群众，开展抗日游击战争，建立和发展抗日民主根据地；实行发展进步势力、争取中间势力、孤立顽固势力和坚持抗战反对妥协、坚持团结反对分裂、坚持进步反对倒退的方针；大力推进党的建设，确立毛泽东思想为党的指导思想。中国共产党成为全民族抗战的中流砥柱。1945年8月15日，日本天皇裕仁以广播的形式发布《终战诏书》，日本无条件投降，9月2日，日本代表在投降书上签字；9月3日成为中国人民抗日战争胜利纪念日。中国人民经过长达14年艰苦卓绝的斗争，终于取得了抗日战争的伟大胜利，宣告了世界反法西斯战争的完全胜利。中国人民抗日战争胜利是近代以来中国抗击外敌入侵的第一次完全胜利，成为中华民族走向复兴的转折点。

22. 三大战役

三大战役指1948年9月12日至1949年1月31日，中国人民解放军同国民党军进行战略决战的辽沈战役、淮海战役、平津战役。三大战役历时4个月零19天，共歼灭国民党军154万余人，使国民党赖以维持其反动统治的主要军事力量基本上被摧毁。三大战役的胜利，为中国革命在全国的胜利奠定了基础。

23. 解放战争

解放战争亦称第三次国内革命战争，是1946年6月至1949年9月中国人民解放军在中国共产党的领导下，为推翻国民党统治、解放全中国而进行的战争，是一场事关中国前途命运的决战。全面内战爆发后，中国共产党领导解放区军民粉碎国民党军队全面进攻后，又取得山东孟良崮战役、延安保卫战的胜利，再次粉碎国民党军队的重点进攻。1947年6月，刘邓大军千里跃进大别山，揭开战略反攻的序幕。1948年秋至1949年年初，取得辽沈、淮海、平津三大战役的胜利；1949年4月，发起渡江战役，4月23日占领国民党统治中心南京，推翻了国民党的反动统治。之后，分路向中南、西北、西南进军，最后夺取了新民主主义革命的全国性胜利，基本上完成了争取民族独立和人民解放的历史任务。

24. 中华人民共和国成立

1949年9月21~30日，中国人民政治协商会议第一届全体会议在北平举行，大会通过起临时宪法作用的《中国人民政治协商会议共同纲领》，选举毛泽东为中央人民政府主席。会议通过北平为中华人民共和国首都，改名为北京；决定采用公元纪年；以《义勇军进行曲》为代国歌；国旗为五星红旗。10月1日，首都北京30万军民在天安门广场集会，隆重举行开国大典，毛泽东主席庄严宣告："中华人民共和国中央人民政府今天成立了。"

25. 抗美援朝

1950年6月25日，朝鲜内战爆发。美国政府立即进行武装干涉，并派遣第七舰队侵入台湾海峡，公然干涉中国内政，阻挠中国统一大业。10月19日，中国人民志愿军跨过鸭绿江，10月25日，志愿军打响了驻军朝鲜后的第一仗，后来，这一天被定为抗美援朝纪念日。志愿军战士发扬伟大的爱国主义精神和革命英雄主义精神，同朝鲜人民和军队一道，历经两年零9个月艰苦卓绝的浴血奋战，赢得了抗美援朝战争的伟大胜利。19.7万多名英雄儿女为了祖国、为了人民、为了和平献出了宝贵生命。在他们中涌现出杨根思、黄继光、邱少云等30多万名英雄功臣和近6000个功臣集体，锻造了伟大抗美援朝精神。抗美援朝的胜利极大地增强了中国人民的民族自信心和自豪感，中国的国际地位空前提高，帝国主义从此不敢轻易地欺侮和侵犯中国。

26. 三大改造

1955年夏季以后，农业合作化运动形成猛烈发展的群众性浪潮，手工业、资本主义工商业的社会主义改造也大大加快步伐。1956年年底，我国基本完成了对生产资料私有制的社会主义改造，初步建立起公有制占绝对优势的社会主义经济制度。伴随着生产资料公有制的建立和发展，我国确立的社会主义政治制度及党和国家工作的各个方面也得到加强和改善。社会主义政治制度、经济制度的确立，为当代中国的一切发展和进步奠定了制度基础，这是中国共产党和中华人民共和国历史上一个重要里程碑。

27. 党的八大

1956年9月15~27日，中国共产党第八次全国代表大会在北京召开。大会宣布：我国无产阶级同资产阶级之间的矛盾已经基本解决，几千年来的阶级剥削制度的历史已经基本上结束，社会主义的社会制度在我国已经基本建立起来。我国国内的主要矛盾已经是"人民对于建立先进的工业国的要求同落后的农业国的现实之间的矛盾，已经是人民对于经济文化迅速发展的需要同当前经济文化不能满足人民需要的状况之间的矛盾"。9月28日，八届一中全会选举毛泽东为中央委员会主席，刘少奇、周恩来、朱德、陈云为副主席，邓小平为总书记。八大是一次解放思想、民主开放的大会，是一次成功的大会。

28. "三线"建设

随着我国周边形势日趋紧张，高度重视国家安全的毛泽东，从经济建设和国防建设的战略布局考虑，将全国划分为一线、二线、三线，提出三线建设问题。1964年10月，中央提出三线建设总目标：采取多快好省的方法，在纵深地区建立起一个工农业结合、为国防和农业服务的比较完整的战略后方基地。据不完全统计，1964年下半年至1965年，在西南、西北三线部署的新建、扩建和续建大中型项目有300多个。日后在国家经济建设中发挥重大作用的四川攀枝花钢铁工业基地、甘肃酒泉钢铁厂、成昆铁路等铁路干线、重庆兵器工业基地、成都航空工业基地、西北航空工业基地、湖北十堰第二汽车制造厂等，都是其中的重点项目。总体上看，三线建设的实施，是推进我国现代化进程的重要步骤，对于提高国家的国防能力，对于改善我国国民经济布局、推进中西部落后区的经济社会发展，具有重要意义。

29. 党的十一届三中全会

1978年12月18~22日，党的十一届三中全会在北京举行。会议的主要任务是确定把全党工作重点转移到社会主义现代化建设上来。全会前召开了历时36天的中央工作会议，邓小平《解放思想，实事求是，团结一致向前看》重要讲话，实际上成为三中全会的主题报告。十一届三中全会从根本上冲破了长期"左"倾错误的严重束缚，重新确立了马克思主义的思想路线、政治路线和组织路线，我国改革开放由此拉开了序幕，邓小平理论也逐步形成和发展起来。党和人民踏上建设中国特色社会主义的伟大征程，十一届三中全会作为一个伟大的转折点载入党的光辉史册[①]。

30. 改革开放

党的十一届三中全会，开启了改革开放和社会主义现代化的伟大征程。中国共产党在以邓小平为核心的第二代领导集体的英明领导下，领导全国人民解放思想、实事求是，大胆地试、勇敢地改，干出了一片新天地。从实行家庭联产承包、乡镇企业异军突起、取消农业税牧业税和特产税到农村承包地"三权"分置、打赢脱贫攻坚战、实施乡村振兴战略，从兴办深圳等经济特区、沿海沿边沿江沿线和内陆中心城市对外开放到加入世界贸易组织、共建"一带一路"、设立自由贸易试验区、谋划中国特色自由贸易港、成功举办首届中国国际进口博览会，从"引进来"到"走出去"，从搞好国营大中小企业、发展个体私营经济到深化国资国企改革、发展混合所有制经济，从单一公有制到公有制为主体、多种所有制经济共同发展和坚持"两个毫不动摇"，从传统的计划经济体制到前无古人的社会主义市场经济体制再到使市场在资源配置中起决定性作用和更好发挥政府作用，从以经济体制改革为主到全面深化经济、政治、文化、社会、生态文明体制和党的建设制度改革，党和国家机构改革、行政管理体制改革、依法治国体制改革、司法体制改革、外事体制改革、社会治理体制改革、生态

---

① 中共中央党史研究室. 中国共产党的九十年——改革开放和社会主义现代化建设新时期[M]. 北京：中共党史出版社，2016：660.

环境督察体制改革、国家安全体制改革、国防和军队改革、党的领导和党的建设制度改革、纪检监察制度改革等一系列重大改革扎实推进,各项便民、惠民、利民举措持续实施,使改革开放成为当代中国最显著的特征、最壮丽的气象。

31. 一国两制

"一国两制"构想最早是为解决台湾问题而提出的。1982年,邓小平首次提出"一个国家,两种制度"的概念。同年12月,五届全国人大五次会议通过的《宪法》第三十一条规定:"国家在必要时得设立特别行政区。在特别行政区内实行的制度按照具体情况由全国人民代表大会以法律规定。""一国两制"是中国的一个伟大创举,是中国为国际社会解决类似问题提供的一个新思路、新方案,是中华民族为世界和平与发展做出的新贡献,凝结了海纳百川、有容乃大的中国智慧。习近平总书记《在中国共产党第十九次全国代表大会上的报告》中指出:保持香港、澳门长期繁荣稳定,实现祖国完全统一,是实现中华民族伟大复兴的必然要求。必须把维护中央对香港、澳门特别行政区全面管治权和保障特别行政区高度自治权有机结合起来,确保"一国两制"方针不会变、不动摇,确保"一国两制"实践不变形、不走样。必须坚持一个中国原则,坚持"九二共识",推动两岸关系和平发展,深化两岸经济合作和文化往来,推动两岸同胞共同反对一切分裂国家的活动,共同为实现中华民族伟大复兴而奋斗。

32. 党的十二大

1982年9月1~11日,中国共产党第十二次全国代表大会在北京举行。大会明确提出建设有中国特色的社会主义的重大命题和"小康"社会战略目标,改革开放由此全面展开,社会主义现代化建设出现新局面。大会制定了新党章,规定党中央不设主席只设总书记。规定中央和省一级设立顾问委员会。此后,党的全国代表大会每五年召开一次,实现了制度化[①]。

33. 党的十三大

1987年10月25日至11月1日,中国共产党第十三次全国代表大会在北京召开。

---

① 中共中央党史研究室. 中国共产党的九十年——改革开放和社会主义现代化建设新时期[M]. 北京:中共党史出版社,2016:716.

大会的突出贡献是，系统阐述了社会主义初级阶段的理论，明确了党在社会主义初级阶段的基本路线：领导和团结全国各族人民，以经济建设为中心，坚持四项基本原则，坚持改革开放，自力更生，艰苦创业，为把我国建设成为富强、民主、文明的社会主义现代化国家而奋斗。

34. 党的十四大

1992年10月12~18日，中国共产党第十四次全国代表大会在北京举行。大会确定我国经济体制改革的目标是建立社会主义市场经济体制，确立邓小平建设有中国特色社会主义理论在全党的指导地位，决定不再设立中央顾问委员会。十四届一中全会选举产生中央领导机构，选举江泽民为中央委员会总书记。

35. 党的十五大

1997年9月12~18日，中国共产党第十五次全国代表大会在北京举行。大会首次使用"邓小平理论"这个概念，并把邓小平理论同马克思列宁主义、毛泽东思想一起，作为党的指导思想写入党章。马克思列宁主义同中国实际相结合有两次历史性飞跃，产生了两大理论成果。第一次飞跃的理论成果是被实践证明了的关于中国革命和建设的正确的理论原则和经验总结，它的主要创立者是毛泽东，把它称为毛泽东思想。第二次飞跃的理论成果是建设有中国特色社会主义理论，它的主要创立者是邓小平，把它称为邓小平理论。这两大理论成果都是党和人民实践经验和集体智慧的结晶①。

36. 香港、澳门回归

1981年12月，中共中央做出1997年7月1日收回香港的决定。1982年10月，中英关于香港问题的谈判正式开始。1984年12月19日，中英两国政府正式签署《关于香港问题的联合声明》，确认中华人民共和国政府于1997年7月1日对香港恢复行使主权。1990年4月，七届全国人大三次会议审议通过《中华人民共和国香港特别行政区基本法》。1997年7月1日零时，中华人民共和国对香港恢复行使主权。习近

---

① 中共中央党史研究室. 中国共产党的九十年——改革开放和社会主义现代化建设新时期[M]. 北京：中共党史出版社，2016：813.

平《在庆祝香港回归祖国20周年大会暨香港特别行政区第五届政府就职典礼上的讲话》中指出，香港回到祖国的怀抱，洗刷了民族百年耻辱，完成了实现祖国完全统一的重要一步。香港回归祖国是彪炳中华民族史册的千秋功业，香港从此走上同祖国共同发展、永不分离的宽广道路。实践充分证明，"一国两制"是历史遗留的香港问题的最佳解决方案，也是香港回归后保持长期繁荣稳定的最佳制度安排，是行得通、办得到、得人心的。1986年6月，中国和葡萄牙两国政府开始就澳门问题举行谈判。1987年4月13日，中葡两国政府正式签署《关于澳门问题的联合声明》，宣布中国政府将于1999年12月20日对澳门恢复行使主权。1993年3月，八届全国人大一次会议审议通过《中华人民共和国澳门特别行政区基本法》。1999年12月20日零时，中华人民共和国对澳门恢复行使主权。澳门的胜利回归，是中国人民在完成祖国统一大业的道路上树立的又一座丰碑。习近平《在庆祝澳门回归祖国20周年大会暨澳门特别行政区第五届政府就职典礼上的讲话》中指出，饱经沧桑的澳门回到祖国怀抱，中华人民共和国澳门特别行政区宣告成立，开启了澳门历史新纪元。中华民族伟大复兴的前进步伐势不可挡，香港、澳门与祖国内地同发展、共繁荣的道路必将越走越宽广！

37. 党的十六大

2002年11月8~14日，中国共产党第十六次全国代表大会在北京举行。大会把"三个代表"重要思想同马克思列宁主义、毛泽东思想、邓小平理论一起，作为党必须长期坚持的指导思想写入党章，始终做到"三个代表"，是党的立党之本、执政之基、力量之源。大会指出中国共产党是中国工人阶级的先锋队，同时是中国人民和中华民族的先锋队。11月15日，十六届一中全会选举胡锦涛为中央委员会总书记。

38. 党的十七大

2007年10月15~21日，中国共产党第十七次全国代表大会在北京召开。胡锦涛代表第十六届中央委员会向大会做了题为"高举中国特色社会主义伟大旗帜，为夺取全面建设小康社会新胜利而奋斗"的报告。创造性地提出并深刻阐述中国特色社会主义理论体系，将科学发展观写入党章，是党的十七大的重大理论贡献。11月22日，十七届一中全会选举胡锦涛为中央委员会总书记。

39. 党的十八大

2012年11月8~14日，中国共产党第十八次全国代表大会在北京召开。大会确定科学发展观同马克思列宁主义、毛泽东思想、邓小平理论、"三个代表"重要思想一道，是党必须长期坚持的指导思想。11月15日，十八届一中全会选举产生了新一届中央政治局和中央书记处，选举习近平、李克强、张德江、俞正声、刘云山、王岐山、张高丽为中央政治局常务委员会常委，选举习近平为中央委员会总书记。

40. 党的十九大

2017年10月18~24日，中国共产党第十九次全国代表大会在北京召开。习近平代表第十八届中央委员会向大会做了题为"决胜全面建成小康社会夺取新时代中国特色社会主义伟大胜利"的报告。大会主题是：不忘初心，牢记使命，高举中国特色社会主义伟大旗帜，决胜全面建成小康社会，夺取新时代中国特色社会主义伟大胜利，为实现中华民族伟大复兴的中国梦不懈奋斗；指出中国共产党人的初心和使命，就是为中国人民谋幸福，为中华民族谋复兴。大会通过了关于《中国共产党章程（修正案）》的决议，将习近平新时代中国特色社会主义思想写入党章。大会选举产生了新一届中国共产党中央委员会和中国共产党中央纪律检查委员会。10月25日，十九届一中全会选举习近平、李克强、栗战书、汪洋、王沪宁、赵乐际、韩正为中央政治局常务委员会委员，选举习近平为中央委员会总书记。

41. 习近平新时代中国特色社会主义思想

党的十八大以来，以习近平同志为主要代表的中国共产党人，顺应时代发展，从理论和实践结合上系统回答了新时代坚持和发展什么样的中国特色社会主义、怎样坚持和发展中国特色社会主义这个重大时代课题，创立了习近平新时代中国特色社会主义思想。习近平新时代中国特色社会主义思想是对马克思列宁主义、毛泽东思想、邓小平理论、"三个代表"重要思想、科学发展观的继承和发展，是马克思主义中国化最新成果，是党和人民实践经验和集体智慧的结晶，是中国特色社会主义理论体系的重要组成部分，是全党全国人民为实现中华民族伟大复兴而奋斗的行动指南，必须长期坚持并不断发展。在习近平新时代中国特色社会主义思想指导下，中国共产党领导全国各族人民，统揽伟大斗争、伟大工程、伟大事业、伟大梦想，推动中国特色社会主义进入了新时代。

42. 中国特色社会主义进入新时代

经过长期努力，中国特色社会主义进入了新时代，这是我国发展新的历史方位。中国特色社会主义进入新时代，意味着近代以来久经磨难的中华民族迎来了从站起来、富起来到强起来的伟大飞跃，迎来了实现中华民族伟大复兴的光明前景；意味着科学社会主义在21世纪的中国焕发出强大生机活力，在世界上高高举起了中国特色社会主义伟大旗帜；意味着中国特色社会主义道路、理论、制度、文化不断发展，拓展了发展中国家走向现代化的途径，给世界上那些既希望加快发展又希望保持自身独立性的国家和民族提供了全新选择，为解决人类问题贡献了中国智慧和中国方案。

43. 人类命运共同体

2017年10月18日，习近平总书记在党的十九大报告中提出，世界命运握在各国人民手中，人类前途系于各国人民的抉择。中国人民愿同各国人民一道，推动人类命运共同体建设，共同创造人类的美好未来！2018年3月11日，第十三届全国人民代表大会第一次会议通过的宪法修正案，将宪法序言第12自然段中"发展同各国的外交关系和经济、文化的交流"修改为"发展同各国的外交关系和经济、文化交流，推动构建人类命运共同体"。中华民族历来讲求"天下一家"，主张民胞物与、协和万邦、天下大同，憧憬"大道之行，天下为公"的美好世界。世界各国尽管有这样那样的分歧矛盾，也免不了产生这样那样的磕磕碰碰，但世界各国人民都生活在同一片蓝天下，拥有同一个家园，应该是一家人。世界各国人民应该秉持"天下一家"理念，张开怀抱，彼此理解，求同存异，共同为构建人类命运共同体而努力。

44. 脱贫攻坚

党的十八大以来，党中央把脱贫攻坚作为全面建成小康社会的底线任务，组织开展了声势浩大的脱贫攻坚人民战争。坚持开发式扶贫方针，引导和支持所有有劳动能力的贫困人口依靠自己的双手创造美好明天；组织易地扶贫搬迁，960多万贫困人口摆脱了困境；以脱贫攻坚统揽贫困地区经济社会发展全局，开展产业扶贫、电商扶贫、光伏扶贫、旅游扶贫等；抓党建促脱贫攻坚，开展贫困识别、精准帮扶，巩固了党在农村的执政基础。脱贫攻坚取得了重大历史性成就：现行标准下9899万农村贫困人口全部脱贫，832个贫困县全部摘帽，12.8万个贫困村全部出列，区域性整体贫困得到解决，完成了消除绝对贫困的艰巨任务，创造了又一个彪炳史册的人间奇迹！在脱贫攻坚斗争中，1800多名同志将生命定格在了脱贫攻坚征程上，生动诠释了共产党人的初心使命。脱贫攻坚伟大斗争，锻造形成了"上下同心、尽锐出战、精准务实、开拓创新、攻坚克难、不负人民"的脱贫攻坚精神。

45. 抗击新冠肺炎疫情

2019年12月，武汉发现的不明原因肺炎，2020年1月确定为新型冠状病毒肺炎。面对突如其来的严重疫情，中央统揽全局、果断决策，举全国之力实施规模空前的生命大救援，用十多天时间先后建成火神山医院和雷神山医院，大规模改建16座方舱医院，迅速开辟600多个集中隔离点。中国人民风雨同舟、众志成城，构筑起疫情防控的坚固防线，460多万个基层党组织冲锋陷阵，400多万名社区工作者在全国65万个城乡社区日夜值守；广大医务人员白衣为甲、逆行出征、舍生忘死挽救生命，涌现出以钟南山、张伯礼、张定宇、陈薇等为代表的一大批先进模范；党中央统筹兼顾、协调推进，经济发展稳定转好，生产生活秩序稳步恢复；中国同世界各国携手合作、共克时艰，为全球抗疫贡献了智慧和力量。在这场同严重疫情的殊死较量中，中国人民和中华民族以敢于斗争、敢于胜利的大无畏气概，铸就了生命至上、举国同心、舍生忘死、尊重科学、命运与共的伟大抗疫精神。抗击新冠肺炎疫情斗争取得重大战略成果，极大增强了全党全国各族人民的自信心和自豪感、凝聚力和向心力，必将激励我们在新时代新征程上披荆斩棘、奋勇前进。

46. 全面建成小康社会

小康社会是中华民族自古以来追求的理想社会状态。改革开放之初，邓小平同志首先用"小康"来诠释中国式现代化，明确提出到20世纪末"在中国建立一个小康社会"的奋斗目标。党的十八大以来，中国共产党把人民对美好生活的向往作为奋斗目标，攻坚克难，砥砺前行，全面建成小康社会取得历史性成就，我国经济实力大幅跃升，2018年经济总量90万亿元，人均国内生产总值折合约9770美元，在中等收入国家中位居前列。从党的十九大到2020年，是全面建成小康社会决胜期。必须统筹推进经济建设、政治建设、文化建设、社会建设、生态文明建设，坚定实施科教兴国战略、人才强国战略、创新驱动发展战略、乡村振兴战略、区域协调发展战略、可持续发展战略、军民融合发展战略，突出抓重点、补短板、强弱项，特别是要坚决打好防范化解重大风险、精准脱贫、污染防治的攻坚战，使全面建成小康社会得到人民认可、经得起历史检验。

知识点三

《中共中央关于党的百年奋斗重大成就和历史经验的决议》[①] 关于中国共产党的初心使命、百年奋斗的主题和伟大建党精神的论述，中国共产党百年奋斗的历史意义和历史经验的总结（掌握）

1. 中国共产党的初心使命

中国人民谋幸福、为中华民族谋复兴。

2. 中国共产党的百年奋斗的主题

实现中华民族伟大复兴。

3. 伟大建党精神

坚持真理、坚守理想，践行初心、担当使命，不怕牺牲、英勇斗争，对党忠诚、不负人民。

4. 中国共产党百年奋斗的历史意义

（1）从根本上改变了中国人民的前途命运。
（2）开辟了实现中华民族伟大复兴的正确道路。
（3）展示了马克思主义的强大生命力。
（4）深刻影响了世界历史进程。
（5）锻造了走在时代前列的中国共产党。

---

① 《中共中央关于党的百年奋斗重大成就和历史经验的决议》（2021年11月11日中国共产党第十九届中央委员会第六次全体会议通过）。

5. 中国共产党百年奋斗的历史经验

（1）坚持党的领导。
（2）坚持人民至上。
（3）坚持理论创新。
（4）坚持独立自主。
（5）坚持中国道路。
（6）坚持胸怀天下。
（7）坚持开拓创新。
（8）坚持敢于斗争。
（9）坚持统一战线。
（10）坚持自我革命。

第三章
文化工作方针、政策

1. 考试大纲

熟悉《关于实施中华优秀传统文化传承发展工程的意见》的指导思想和基本原则,中华优秀传统文化的核心思想理念、中华传统美德和中华人文精神的基本内容;《中共中央关于坚持和完善中国特色社会主义制度推进国家治理体系和治理能力现代化若干重大问题的决定》关于坚持和完善繁荣发展社会主义先进文化的制度,巩固全体人民团结奋斗的共同思想基础的主要内容;《中共中央关于制定国民经济和社会发展第十四个五年规划和二〇三五年远景目标的建议》关于繁荣发展文化事业和文化产业,提高国家文化软实力的主要内容;《关于深化国有文艺院团改革的意见》的总体要求和重点任务。

掌握习近平总书记《在文艺工作座谈会上的讲话》《在中国文联十大、中国作协九大开幕式上的讲话》《在中国文联十一大、中国作协十大开幕式上的讲话》等重要讲话精神;党的十九大报告关于坚定文化自信,推动社会主义文化繁荣兴盛的部署和要求;《中共中央关于繁荣发展社会主义文艺的意见》关于做好文艺工作的重大意义和指导思想,坚持以人民为中心的创作导向,让中国精神成为社会主义文艺的灵魂,创作无愧于时代的优秀作品,建设德艺双馨的文艺队伍等方面的内容。

2. 大纲解读

序号	主要内容	考纲要求
1	《关于实施中华优秀传统文化传承发展工程的意见》的指导思想和基本原则,中华优秀传统文化的核心思想理念、中华传统美德和中华人文精神的基本内容	熟悉
2	《中共中央关于坚持和完善中国特色社会主义制度推进国家治理体系和治理能力现代化若干重大问题的决定》关于坚持和完善繁荣发展社会主义先进文化的制度,巩固全体人民团结奋斗的共同思想基础的主要内容	熟悉
3	《中共中央关于制定国民经济和社会发展第十四个五年规划和二〇三五年远景目标的建议》关于繁荣发展文化事业和文化产业,提高国家文化软实力的主要内容	熟悉
4	《关于深化国有文艺院团改革的意见》的总体要求和重点任务	熟悉
5	习近平总书记《在文艺工作座谈会上的讲话》《在中国文联十大、中国作协九大开幕式上的讲话》《在中国文联十一大、中国作协十大开幕式上的讲话》等重要讲话精神	掌握
6	党的十九大报告关于坚定文化自信,推动社会主义文化繁荣兴盛的部署和要求	掌握
7	《中共中央关于繁荣发展社会主义文艺的意见》关于做好文艺工作的重大意义和指导思想,坚持以人民为中心的创作导向,让中国精神成为社会主义文艺的灵魂,创作无愧于时代的优秀作品,建设德艺双馨的文艺队伍等方面的内容	掌握

3. 思维导图

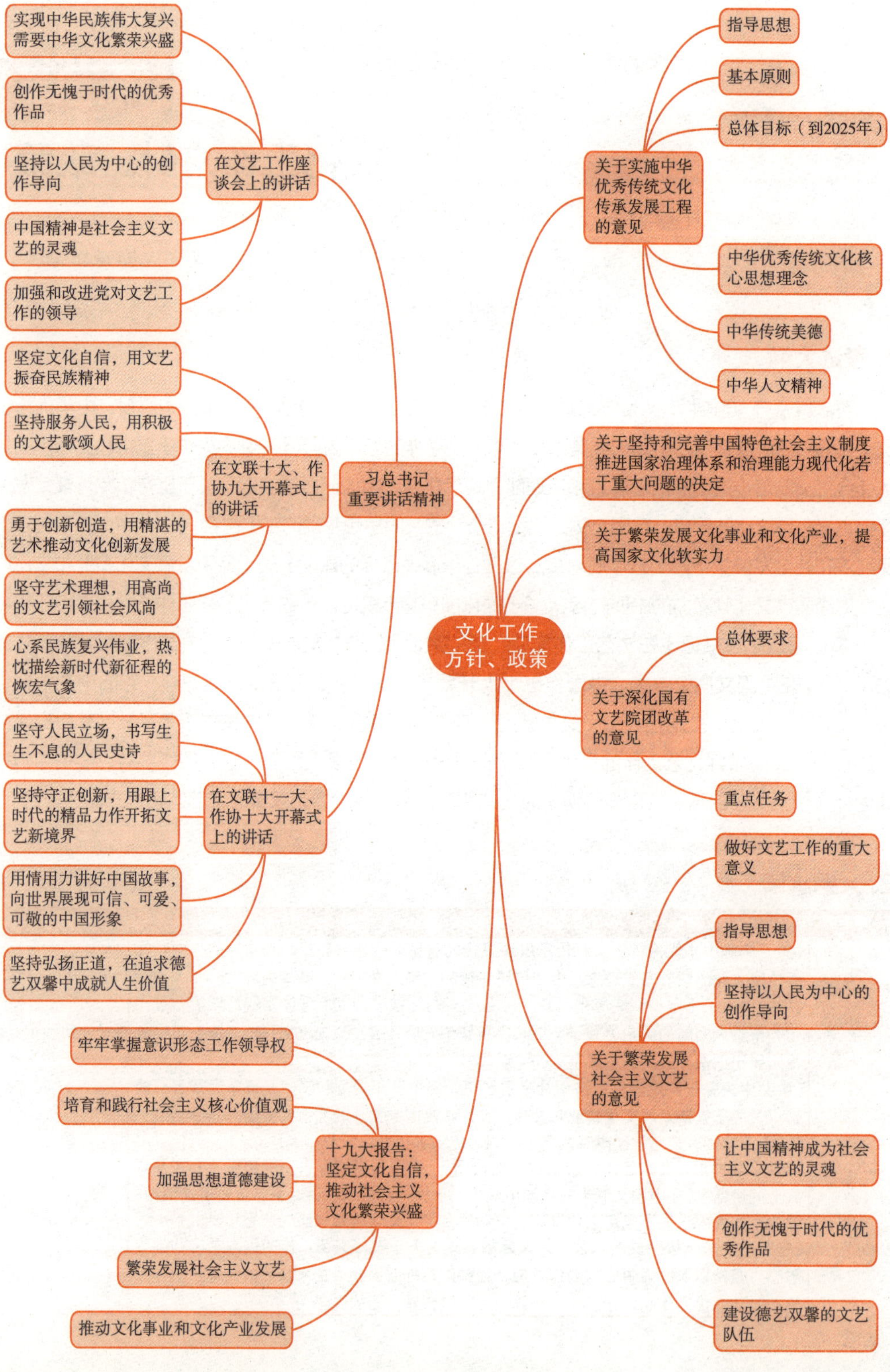

文化工作方针、政策

习总书记重要讲话精神

- 在文艺工作座谈会上的讲话
  - 实现中华民族伟大复兴需要中华文化繁荣兴盛
  - 创作无愧于时代的优秀作品
  - 坚持以人民为中心的创作导向
  - 中国精神是社会主义文艺的灵魂
  - 加强和改进党对文艺工作的领导

- 在文联十大、作协九大开幕式上的讲话
  - 坚定文化自信，用文艺振奋民族精神
  - 坚持服务人民，用积极的文艺歌颂人民
  - 勇于创新创造，用精湛的艺术推动文化创新发展
  - 坚守艺术理想，用高尚的文艺引领社会风尚

- 在文联十一大、作协十大开幕式上的讲话
  - 心系民族复兴伟业，热忱描绘新时代新征程的恢宏气象
  - 坚守人民立场，书写生生不息的人民史诗
  - 坚持守正创新，用跟上时代的精品力作开拓文艺新境界
  - 用情用力讲好中国故事，向世界展现可信、可爱、可敬的中国形象
  - 坚持弘扬正道，在追求德艺双馨中成就人生价值

- 十九大报告：坚定文化自信，推动社会主义文化繁荣兴盛
  - 牢牢掌握意识形态工作领导权
  - 培育和践行社会主义核心价值观
  - 加强思想道德建设
  - 繁荣发展社会主义文艺
  - 推动文化事业和文化产业发展

- 关于实施中华优秀传统文化传承发展工程的意见
  - 指导思想
  - 基本原则
  - 总体目标（到2025年）
  - 中华优秀传统文化核心思想理念
  - 中华传统美德
  - 中华人文精神

- 关于坚持和完善中国特色社会主义制度推进国家治理体系和治理能力现代化若干重大问题的决定

- 关于繁荣发展文化事业和文化产业，提高国家文化软实力

- 关于深化国有文艺院团改革的意见
  - 总体要求
  - 重点任务

- 关于繁荣发展社会主义文艺的意见
  - 做好文艺工作的重大意义
  - 指导思想
  - 坚持以人民为中心的创作导向
  - 让中国精神成为社会主义文艺的灵魂
  - 创作无愧于时代的优秀作品
  - 建设德艺双馨的文艺队伍

知 识 点 精 讲

知识点一

《关于实施中华优秀传统文化传承发展工程的意见》[①]的指导思想和基本原则，中华优秀传统文化的核心思想理念、中华传统美德和中华人文精神的基本内容（熟悉）

1. 指导思想

高举中国特色社会主义伟大旗帜，全面贯彻党的十八大和十八届三中、四中、五中、六中全会精神，坚持以马克思列宁主义、毛泽东思想、邓小平理论、"三个代表"重要思想、科学发展观为指导，深入贯彻习近平总书记系列重要讲话精神和治国理政新理念新思想新战略，紧紧围绕实现中华民族伟大复兴的中国梦，深入贯彻新发展理念，坚持以人民为中心的工作导向，坚持以社会主义核心价值观为引领，坚持创造性转化、创新性发展，坚守中华文化立场、传承中华文化基因，不忘本来、吸收外来、面向未来，汲取中国智慧、弘扬中国精神、传播中国价值，不断增强中华优秀传统文化的生命力和影响力，创造中华文化新辉煌。

2. 基本原则

（1）**牢牢把握社会主义先进文化前进方向**。坚持中国特色社会主义文化发展道路，立足于巩固马克思主义在意识形态领域的指导地位、巩固全党全国人民团结奋斗的共同思想基础，弘扬社会主义核心价值观，培育民族精神和时代精神，解决现实问题、助推社会发展。

（2）**坚持以人民为中心的工作导向**。坚持为了人民、依靠人民、共建共享，注重文化熏陶和实践养成，把跨越时空的思想理念、价值标准、审美风范转化为人们的精神追求和行为习惯，不断增强人民群众的文化参与感、获得感和认同感，形成向上向

[①] 《关于实施中华优秀传统文化传承发展工程的意见》（中共中央办公厅、国务院办公厅印发）。

善的社会风尚。

（3）**坚持创造性转化和创新性发展。**坚持辩证唯物主义和历史唯物主义，秉持客观、科学、礼敬的态度，取其精华、去其糟粕、扬弃继承、转化创新，不复古泥古，不简单否定，不断赋予新的时代内涵和现代表达形式，不断补充、拓展、完善，使中华民族最基本的文化基因与当代文化相适应、与现代社会相协调。

（4）**坚持交流互鉴、开放包容。**以我为主、为我所用，取长补短、择善而从，既不简单拿来，也不盲目排外，吸收借鉴国外优秀文明成果，积极参与世界文化的对话交流，不断丰富和发展中华文化。

（5）**坚持统筹协调、形成合力。**加强党的领导，充分发挥政府主导作用和市场积极作用，鼓励和引导社会力量广泛参与，推动形成有利于传承发展中华优秀传统文化的体制机制和社会环境。

3. 总体目标

到 2025 年，中华优秀传统文化传承发展体系基本形成，研究阐发、教育普及、保护传承、创新发展、传播交流等方面协同推进并取得重要成果，具有中国特色、中国风格、中国气派的文化产品更加丰富，文化自觉和文化自信显著增强，国家文化软实力的根基更为坚实，中华文化的国际影响力明显提升。

4. 中华优秀传统文化核心思想理念

中华民族和中国人民在修齐治平、尊时守位、知常达变、开物成务、建功立业过程中培育和形成的基本思想理念，**如革故鼎新、与时俱进的思想，脚踏实地、实事求是的思想，惠民利民、安民富民的思想，道法自然、天人合一的思想等**，可以为人们认识和改造世界提供有益启迪，可以为治国理政提供有益借鉴。传承发展中华优秀传统文化，就要大力弘扬**讲仁爱、重民本、守诚信、崇正义、尚和合、求大同**等核心思想理念。

5. 中华传统美德

中华优秀传统文化蕴含着丰富的道德理念和规范，**如天下兴亡、匹夫有责的担当意识，精忠报国、振兴中华的爱国情怀，崇德向善、见贤思齐的社会风尚，孝悌忠**

信、礼义廉耻的荣辱观念，体现着评判是非曲直的价值标准，潜移默化地影响着中国人的行为方式。传承发展中华优秀传统文化，就要大力弘扬自强不息、敬业乐群、扶危济困、见义勇为、孝老爱亲等中华传统美德。

6. 中华人文精神

中华优秀传统文化积淀着多样、珍贵的精神财富，如求同存异、和而不同的处世方法，文以载道、以文化人的教化思想，形神兼备、情景交融的美学追求，俭约自守、中和泰和的生活理念等，是中国人民思想观念、风俗习惯、生活方式、情感样式的集中表达，滋养了独特丰富的文学艺术、科学技术、人文学术，至今仍然具有深刻影响。传承发展中华优秀传统文化，就要大力弘扬有利于促进社会和谐、鼓励人们向上向善的思想文化内容。

知识点二

《中共中央关于坚持和完善中国特色社会主义制度推进国家治理体系和治理能力现代化若干重大问题的决定》[①] 关于坚持和完善繁荣发展社会主义先进文化的制度，巩固全体人民团结奋斗的共同思想基础的主要内容（熟悉）

发展社会主义先进文化、广泛凝聚人民精神力量，是国家治理体系和治理能力现代化的深厚支撑。必须坚定文化自信，牢牢把握社会主义先进文化前进方向，围绕举旗帜、聚民心、育新人、兴文化、展形象的使命任务，坚持为人民服务、为社会主义服务，坚持百花齐放、百家争鸣，坚持创造性转化、创新性发展，激发全民族文化创造性活力，更好构筑中国精神、中国价值、中国力量。

（1）坚持马克思主义在意识形态领域指导地位的根本制度。全面贯彻落实习近平新时代中国特色社会主义思想，健全用党的创新理论武装全党、教育人民工作体系，完善党委（党组）理论学习中心组等各层级学习制度，建设和用好网络学习平台。深入实施马克思主义理论研究和建设工程，把坚持以马克思主义为指导全面落实到思想理论建设、哲学社会科学研究、教育教学各方面。加强和改进学校思想政治教育，建立全员、全程、全方位育人体制机制。落实意识形态工作责任制，注意区分政治原则

---

① 《中共中央关于坚持和完善中国特色社会主义制度　推进国家治理体系和治理能力现代化若干重大问题的决定》（2019年10月31日中国共产党第十九届中央委员会第四次全体会议通过）。

问题、思想认识问题、学术观点问题，旗帜鲜明反对和抵制各种错误观点。

（2）坚持以社会主义核心价值观引领文化建设制度。 推动理想信念教育常态化、制度化，弘扬民族精神和时代精神，加强党史、新中国史、改革开放史教育，加强爱国主义、集体主义、社会主义教育，实施公民道德建设工程，推进新时代文明实践中心建设。坚持依法治国和以德治国相结合，完善弘扬社会主义核心价值观的法律政策体系，把社会主义核心价值观要求融入法治建设和社会治理，体现到国民教育、精神文明创建、文化产品创作生产全过程。推进中华优秀传统文化传承发展工程。完善青少年理想信念教育齐抓共管机制。健全志愿服务体系。完善诚信建设长效机制，健全覆盖全社会的征信体系，加强失信惩戒。

（3）健全人民文化权益保障制度。 坚持以人民为中心的工作导向，完善文化产品创作生产传播的引导激励机制，推出更多群众喜爱的文化精品。完善城乡公共文化服务体系，优化城乡文化资源配置，推动基层文化惠民工程扩大覆盖面、增强实效性，健全支持开展群众性文化活动机制，鼓励社会力量参与公共文化服务体系建设。

（4）完善坚持正确导向的舆论引导工作机制。 坚持党管媒体原则，坚持团结稳定鼓劲、正面宣传为主，唱响主旋律、弘扬正能量。构建网上网下一体、内宣外宣联动的主流舆论格局，建立以内容建设为根本、先进技术为支撑、创新管理为保障的全媒体传播体系。改进和创新正面宣传，完善舆论监督制度，健全重大舆情和突发事件舆论引导机制。建立健全网络综合治理体系，加强和创新互联网内容建设，落实互联网企业信息管理主体责任，全面提高网络治理能力，营造清朗的网络空间。

（5）建立健全把社会效益放在首位、社会效益和经济效益相统一的文化创作生产体制机制。 深化文化体制改革，加快完善遵循社会主义先进文化发展规律、体现社会主义市场经济要求、有利于激发文化创新创造活力的文化管理体制和生产经营机制。健全现代文化产业体系和市场体系，完善以高质量发展为导向的文化经济政策。完善文化企业履行社会责任制度，健全引导新型文化业态健康发展机制。完善文化和旅游融合发展体制机制。加强文艺创作引导，完善倡导讲品位讲格调讲责任、抵制低俗庸俗媚俗的工作机制。

知识点三

《中共中央关于制定国民经济和社会发展第十四个五年规划和二〇三五年远景目

标的建议》①关于繁荣发展文化事业和文化产业，提高国家文化软实力的主要内容（熟悉）

坚持马克思主义在意识形态领域的指导地位，坚定文化自信，坚持以社会主义核心价值观引领文化建设，加强社会主义精神文明建设，围绕举旗帜、聚民心、育新人、兴文化、展形象的使命任务，促进满足人民文化需求和增强人民精神力量相统一，推进社会主义文化强国建设。

（1）提高社会文明程度。推动形成适应新时代要求的思想观念、精神面貌、文明风尚、行为规范。深入开展习近平新时代中国特色社会主义思想学习教育，推进马克思主义理论研究和建设工程。推动理想信念教育常态化制度化，加强党史、新中国史、改革开放史、社会主义发展史教育，加强爱国主义、集体主义、社会主义教育，弘扬党和人民在各个历史时期奋斗中形成的伟大精神，推进公民道德建设，实施文明创建工程，拓展新时代文明实践中心建设。健全志愿服务体系，广泛开展志愿服务关爱行动。弘扬诚信文化，推进诚信建设。提倡艰苦奋斗、勤俭节约，开展以劳动创造幸福为主题的宣传教育。加强家庭、家教、家风建设。加强网络文明建设，发展积极健康的网络文化。

（2）提升公共文化服务水平。全面繁荣新闻出版、广播影视、文学艺术、哲学社会科学事业。实施文艺作品质量提升工程，加强现实题材创作生产，不断推出反映时代新气象、讴歌人民新创造的文艺精品。推进媒体深度融合，实施全媒体传播工程，做强新型主流媒体，建强用好县级融媒体中心。推进城乡公共文化服务体系一体建设，创新实施文化惠民工程，广泛开展群众性文化活动，推动公共文化数字化建设。加强国家重大文化设施和文化项目建设，推进国家版本馆、国家文献储备库、智慧广电等工程。传承弘扬中华优秀传统文化，加强文物古籍保护、研究、利用，强化重要文化和自然遗产、非物质文化遗产系统性保护，加强各民族优秀传统手工艺保护和传承，建设长城、大运河、长征、黄河等国家文化公园。广泛开展全民健身运动，增强人民体质。筹办好北京冬奥会、冬残奥会。

（3）健全现代文化产业体系。坚持把社会效益放在首位、社会效益和经济效益相统一，深化文化体制改革，完善文化产业规划和政策，加强文化市场体系建设，扩大

---

① 《中共中央关于制定国民经济和社会发展第十四个五年规划和二〇三五年远景目标的建议》（2020年10月29日中国共产党第十九届中央委员会第五次全体会议通过）。

优质文化产品供给。实施文化产业数字化战略，加快发展新型文化企业、文化业态、文化消费模式。规范发展文化产业园区，推动区域文化产业带建设。推动文化和旅游融合发展，建设一批富有文化底蕴的世界级旅游景区和度假区，打造一批文化特色鲜明的国家级旅游休闲城市和街区，发展红色旅游和乡村旅游。以讲好中国故事为着力点，创新推进国际传播，加强对外文化交流和多层次文明对话。

知识点四

《关于深化国有文艺院团改革的意见》的总体要求和重点任务[①]（熟悉）

1. 总体要求

指导思想。以习近平新时代中国特色社会主义思想为指导，深入贯彻党的十九大和十九届二中、三中、四中全会精神，紧紧围绕举旗帜、聚民心、育新人、兴文化、展形象的使命任务，突出问题导向，坚持分类指导，以演出为中心环节，凝聚共识，激发国有文艺院团生机活力，创作生产思想精深、艺术精湛、制作精良的舞台艺术佳作，不断满足人民向往美好生活的精神文化需求。

2. 重点任务

（1）明确功能定位。国有文艺院团是繁荣发展社会主义文艺的中坚力量，是提供公共文化服务、发展文化产业的重要力量。国家直属院团要强化"国家队"意识，着力创作体现国家水准和民族特色、具有国际影响力的优秀舞台艺术作品，示范带动本艺术门类发展。省（自治区、直辖市）属院团要充分挖掘地方特色资源，做强区域优势艺术门类，成为本区域舞台艺术创作生产的引领者和推动者。市（地、州、盟）和县（市、区、旗）属院团原则上以服务基层群众为主要任务，更多承担政策宣传、公共服务、惠民演出、艺术普及等工作。国家和省级院团要积极承担国家和当地重大主题性创作演出任务，加强对基层文艺院团的业务指导和队伍培训。

（2）分类推进改革。已明确保留事业单位性质的国有文艺院团，要突出和强化公益属性，完善财政、人事、收入分配等各项政策，进一步增强活力。已组建的演艺企业集团，要充分发挥聚合优势，努力成为骨干文化企业。未列入保留事业单位性质范

[①] 见2021年6月中共中央办公厅、国务院办公厅印发《关于深化国有文艺院团改革的意见》。

围的国有文艺院团，要着力提高市场适应能力和发展活力，创造条件转企改制。

（3）激发国有文艺院团内生动力。实行政事分开、事企分开、管办分离，改进政府管理和服务方式，强化政策引导、激励和保障，为国有文艺院团营造更好发展环境。完善转企改制国有文艺院团（以下简称转制院团）法人治理结构，强化内部运行机制和经营管理创新，形成体现文化企业特点、符合现代企业制度要求的资产组织形式和经营管理模式。建立健全国有文艺院团内部决策和制约机制，实行重大决策、重要人事任免、重大项目安排、大额度资金运作集体讨论并按规定程序执行。发挥职工（代表）大会职能，强化民主管理。

（4）建立健全扶持优秀剧本创作的长效机制。坚持以人民为中心的创作导向，加强现实题材、爱国主义题材、重大革命和历史题材、青少年题材、军事题材等剧本创作，深入挖掘中华文化底蕴，积极反映新时代中国特色社会主义伟大实践，提高原创能力。加强艺术创作研究机构建设，鼓励国有文艺院团或艺术研究院（所）设立创作室等创作机构。中央和地方各类艺术基金，有条件的要将剧本创作资助纳入有关中长期规划，加强对剧本、编导、作曲等原创性、基础性环节和优秀创作人才的资助。支持剧本创作人员培养，注重扶持县级以下基层文化机构创作人才。各级政府及有关部门要支持国有文艺院团提升自身创作生产能力，为剧作家采风、深入生活提供条件。鼓励探索签约创作、招标创作、跨地跨界联手创作和联合攻关创作等机制，形成重点剧本重点攻关、重点创作主体重点培育的格局。加强剧本创作知识产权保护。对接中国民族民间文艺基础资源数据库，系统整理优秀传统经典剧本，充分吸收新创、改编剧本，搭建优秀剧本推介交易平台，为国有文艺院团投排剧目提供便捷服务。

（5）建立健全促进剧目生产表演的有效机制。建立导向正确、内容鲜活、群众喜爱、常演常新的剧目生产表演机制，设立艺术委员会或艺术总监岗位，加强剧目生产选题论证评估。根据国有文艺院团的艺术样式，聚焦经典代表作、新编和改编剧目、现实题材原创新作等不同题材，适应不同演出条件，满足不同观演人群需要，推出优秀剧目演出的经典版、驻场版、巡演版，形成剧目生产题材和版本多样化机制。实施中国戏曲像音像工程，利用现有文化资源数据库，搭建戏曲剧种剧目数据共享平台，促进剧目生产现代化。加强舞台剧目生产和影视剧生产的衔接融合，推动媒体与国有文艺院团积极合作，充分利用广播电视、网络视听、新媒体等传播渠道，不断提升舞台剧目的传播力和影响力。鼓励有条件的国有文艺院团探索剧目股份制、项目制等多种灵活方式。

（6）建立健全鼓励演职员多演出的激励机制。以艺德艺风建设为重点，综合考核演出数量和质量，根据考核结果合理确定演职员的收入分配、职称评定和福利保障，为演职员充分施展才华创造良好的体制机制环境。建立健全收入分配激励机制，细化奖励性绩效工资发放等级和档次。按照多演出多得酬劳的原则，适当拉开演职员收入水平差距，演出收入向业务骨干和做出突出业绩的人才倾斜、向一线演员倾斜、向关键岗位和特殊岗位倾斜。允许国有文艺院团对高层次人才、关键岗位、业务骨干或紧缺急需人才实行协议工资、项目工资、年薪制等分配方式。根据演出数量、质量等因素，合理确定保留事业单位性质的国有文艺院团绩效工资总量，单位内部分配时可根据需要设立创作、演出、高层次人才补贴等绩效工资项目。转制院团取得的公益性演出收入可以发放人员劳务费。建立符合舞台艺术特点的人才评价机制，在职称评定中重点考察不同艺术门类人才在艺术表演和剧目创作生产中体现的能力、业绩，推行艺术创作作品与论文、专著等效评价，合理配置高级岗位中重要演职员比例。加大对杂技、舞蹈、管乐、戏曲武功等特殊岗位演员保障力度，国有文艺院团依法参加工伤保险，鼓励购买人身意外伤害保险，提高职业伤害保障水平。建立特殊岗位演员培训制度，提高转岗就业能力，积极引导并支持其从事基层公共文化服务、艺术院校教师以及院团编（指）导、艺术普及培训等工作。

（7）建立健全布局合理的剧场供应机制。采取改（扩）建、新建、租赁、委托经营等多种方式，科学合理增加剧场和观众座席数，建立健全城乡统筹规划、存量盘活优化、增量不断扩大、布局动态平衡的剧场供应机制。支持各地结合经济发展水平、相关规划、文化基础和社会需求等因素，加强剧院（场）等设施场所建设，配套建设舞台演出设施。促进国有文艺院团和剧场深度合作，支持"团场合作""以团带场"或"以场带团"。积极利用城乡公共设施和场地建设户外演出设施。加强演出设施设备安全保障。鼓励党政机关、学校、国有企事业单位等的各类文体设施免费或优惠提供给国有文艺院团开展公益性演出。鼓励有条件的地方建立国有文艺院团驻场演出制度。加快文艺演出院线建设，整合剧场和剧目资源，促进优质演艺资源共建共享。

（8）建立健全国有文艺院团双效统一的体制机制。建立健全把社会效益放在首位、实现社会效益和经济效益相统一的文艺创作生产体制机制。开展国有文艺院团社会效益评价考核，重点考核创作、演出和艺术普及等方面绩效，考核结果以适当形式向社会公开，强化考核结果转化利用。支持国有文艺院团以内容创作生产为主业，健全内容导向和艺术质量管理制度，建立深入生活、扎根人民的常态化工作机制。支持国有文艺院团参与中华文化走出去工作。引导国有文艺院团积极参与公共文化服务和社会艺术普及活动，推动优质文艺资源进企业、进农村、进校园、进社区、进军营。鼓励社会力量通过投资或捐助设施设备、资助项目、赞助活动、提供产品和服务等方式支持国有文艺院团发展。

知识点五

习近平总书记《在文艺工作座谈会上的讲话》《在中国文联十大、中国作协九大开幕式上的讲话》《在中国文联十一大、中国作协十大开幕式上的讲话》等重要讲话精神（掌握）

1. 《在文艺工作座谈会上的讲话》[①]
   - （1）实现中华民族伟大复兴需要中华文化繁荣兴盛。
   - （2）创作无愧于时代的优秀作品。
   - （3）坚持以人民为中心的创作导向。
   - （4）中国精神是社会主义文艺的灵魂。
   - （5）加强和改进党对文艺工作的领导。

2. 《在中国文联十大、中国作协九大开幕式上的讲话》[②]
   - （1）坚定文化自信，用文艺振奋民族精神。
   - （2）坚持服务人民，用积极的文艺歌颂人民。
   - （3）勇于创新创造，用精湛的艺术推动文化创新发展。
   - （4）坚守艺术理想，用高尚的文艺引领社会风尚。

---

① 《习近平在文艺工作座谈会上的讲话》（2014年10月15日）。
② 《习近平在中国文联十大、中国作协九大开幕式上的讲话》（2016年11月30日）。

3.《在中国文联十一大、中国作协十大开幕式上的讲话》[①]

(1) 心系民族复兴伟业,热忱描绘新时代新征程的恢宏气象。
(2) 坚守人民立场,书写生生不息的人民史诗。
(3) 坚持守正创新,用跟上时代的精品力作开拓文艺新境界。
(4) 用情用力讲好中国故事,向世界展现可信、可爱、可敬的中国形象。
(5) 坚持弘扬正道,在追求德艺双馨中成就人生价值。

知识点六

党的十九大报告[②]**关于坚定文化自信,推动社会主义文化繁荣兴盛的部署和要求(掌握)**

文化是一个国家、一个民族的灵魂。文化兴国运兴,文化强民族强。**没有高度的文化自信,没有文化的繁荣兴盛,就没有中华民族伟大复兴**。要坚持中国特色社会主义文化发展道路,激发全民族文化创新创造活力,建设社会主义文化强国。

中国特色社会主义文化,源自于中华民族五千多年文明历史所孕育的中华优秀传统文化,熔铸于党领导人民在革命、建设、改革中创造的革命文化和社会主义先进文化,植根于中国特色社会主义伟大实践。发展中国特色社会主义文化,就是以马克思主义为指导,坚守中华文化立场,立足当代中国现实,结合当今时代条件,发展面向现代化、面向世界、面向未来的,民族的科学的大众的社会主义文化,推动社会主义精神文明和物质文明协调发展。要坚持**为人民服务、为社会主义服务**,坚持**百花齐放、百家争鸣**,坚持创造性转化、创新性发展,不断铸就中华文化新辉煌。

(1)**牢牢掌握意识形态工作领导权**。意识形态决定文化前进方向和发展道路。必须推进马克思主义中国化时代化大众化,建设具有强大凝聚力和引领力的社会主义意识形态,使全体人民在理想信念、价值理念、道德观念上紧紧团结在一起。要加强理论武装,推动新时代中国特色社会主义思想深入人心。深化马克思主义理论研究和建设,加快构建中国特色哲学社会科学,加强中国特色新型智库建设。高度重视传播手段建设和创新,提高新闻舆论传播力、引导力、影响力、公信力。加强互联网内容建

---

① 《习近平在中国文联十一大、中国作协十大开幕式上的讲话》(2021年12月14日)。
② 《决胜全面建成小康社会 夺取新时代中国特色社会主义伟大胜利》,习近平总书记在中国共产党第十九次全国代表大会上作的报告。

设，建立网络综合治理体系，营造清朗的网络空间。落实意识形态工作责任制，加强阵地建设和管理，注意区分政治原则问题、思想认识问题、学术观点问题，旗帜鲜明反对和抵制各种错误观点。

（2）培育和践行社会主义核心价值观。社会主义核心价值观是当代中国精神的集中体现，凝结着全体人民共同的价值追求。要以培养担当民族复兴大任的时代新人为着眼点，强化教育引导、实践养成、制度保障，发挥社会主义核心价值观对国民教育、精神文明创建、精神文化产品创作生产传播的引领作用，把社会主义核心价值观融入社会发展各方面，转化为人们的情感认同和行为习惯。坚持全民行动、干部带头，从家庭做起，从娃娃抓起。深入挖掘中华优秀传统文化蕴含的思想观念、人文精神、道德规范，结合时代要求继承创新，让中华文化展现出永久魅力和时代风采。

（3）加强思想道德建设。人民有信仰，国家有力量，民族有希望。要提高人民思想觉悟、道德水准、文明素养，提高全社会文明程度。广泛开展理想信念教育，深化中国特色社会主义和中国梦宣传教育，弘扬民族精神和时代精神，加强爱国主义、集体主义、社会主义教育，引导人们树立正确的历史观、民族观、国家观、文化观。深入实施公民道德建设工程，推进社会公德、职业道德、家庭美德、个人品德建设，激励人们向上向善、孝老爱亲，忠于祖国、忠于人民。加强和改进思想政治工作，深化群众性精神文明创建活动。弘扬科学精神，普及科学知识，开展移风易俗、弘扬时代新风行动，抵制腐朽落后文化侵蚀。推进诚信建设和志愿服务制度化，强化社会责任意识、规则意识、奉献意识。

（4）繁荣发展社会主义文艺。社会主义文艺是人民的文艺，必须坚持以人民为中心的创作导向，在深入生活、扎根人民中进行无愧于时代的文艺创造。要繁荣文艺创作，坚持思想精深、艺术精湛、制作精良相统一，加强现实题材创作，不断推出讴歌党、讴歌祖国、讴歌人民、讴歌英雄的精品力作。发扬学术民主、艺术民主，提升文艺原创力，推动文艺创新。倡导讲品位、讲格调、讲责任，抵制低俗、庸俗、媚俗。加强文艺队伍建设，造就一大批德艺双馨名家大师，培育一大批高水平创作人才。

（5）推动文化事业和文化产业发展。满足人民过上美好生活的新期待，必须提供丰富的精神食粮。要深化文化体制改革，完善文化管理体制，加快构建把社会效益放在首位、社会效益和经济效益相统一的体制机制。完善公共文化服务体系，深入实施文化惠民工程，丰富群众性文化活动。加强文物保护利用和文化遗产保护传承。健全现代文化产业体系和市场体系，创新生产经营机制，完善文化经济政策，培育新型文化业态。广泛开展全民健身活动，加快推进体育强国建设，筹办好北京冬奥会、冬残奥会。加强中外人文交流，以我为主、兼收并蓄。推进国际传播能力建设，讲好中国故事，展现真实、立体、全面的中国，提高国家文化软实力。

知识点七

《中共中央关于繁荣发展社会主义文艺的意见》[①] 关于做好文艺工作的重大意义和指导思想，坚持以人民为中心的创作导向，让中国精神成为社会主义文艺的灵魂，创作无愧于时代的优秀作品，建设德艺双馨的文艺队伍等方面的内容（掌握）

1. 做好文艺工作的重大意义和指导思想

（1）文艺工作的重要作用。文艺是民族精神的火炬，是时代前进的号角，最能代表一个民族的风貌，最能引领一个时代的风气。文艺事业是党和人民事业的重要组成部分。我们党历来高度重视文艺工作，在革命、建设、改革各个时期，充分运用文艺引领时代风尚、鼓舞人民前进、推动社会进步。实现中华民族伟大复兴，离不开中华文化繁荣兴盛，离不开文艺事业繁荣发展。举精神旗帜、立精神支柱、建精神家园，是当代中国文艺的崇高使命。弘扬中国精神、传播中国价值、凝聚中国力量，是文艺工作者的神圣职责。

（2）文艺工作的指导思想和方针原则。高举中国特色社会主义伟大旗帜，以马克思列宁主义、毛泽东思想、邓小平理论、"三个代表"重要思想、科学发展观为指导，深入学习贯彻习近平总书记系列重要讲话精神，紧紧围绕全面建成小康社会、全面深化改革、全面依法治国、全面从严治党的战略布局，深入贯彻党的十八大和十八届三中、四中全会精神，坚持社会主义先进文化前进方向，全面贯彻"二为"方向和"双百"方针，紧紧依靠广大文艺工作者，坚持以人民为中心，以社会主义核心价值观为引领，以中国精神为灵魂，以中国梦为时代主题，以中华优秀传统文化为根脉，以创新为动力，以创作生产优秀作品为中心环节，深入实践、深入生活、深入群众，推出

[①] 《中共中央关于繁荣发展社会主义文艺的意见》2015 年 10 月 3 日下发。

更多无愧于民族、无愧于时代的文艺精品，不断满足人民精神文化需求，建设社会主义文化强国，为实现"两个一百年"奋斗目标、实现中华民族伟大复兴的中国梦提供强大的价值引导力、文化凝聚力、精神推动力。

2. 坚持以人民为中心的创作导向

（1）**为人民抒写、为人民抒情**。社会主义文艺本质上是人民的文艺，人民的需要是文艺存在的根本价值。解决好"为了谁、依靠谁、我是谁"的问题，牢固树立人民是历史创造者的观点，自觉以最广大人民为服务对象和表现主体，在人民生产生活中进行美的发现和美的创造。生动展现人民创造历史的伟大进程，用现实主义精神和浪漫主义情怀观照现实生活，歌颂光明、抒发理想，鞭挞丑恶、抵制低俗，给人民信心和力量。紧跟时代发展，把握人民对文艺作品质量、品位、风格等的期盼，创作生产更多人民喜闻乐见的优秀作品，推动人民精神文化生活不断迈上新台阶。

（2）**深入生活、扎根人民**。生活是文艺创作的源头活水，人民是文艺工作者的衣食父母。大力倡导文艺工作者深入生活、扎根人民，虚心向人民学习、向实践学习，不断进行生活的积累和艺术的提炼。制定支持文艺工作者长期深入生活的经济政策，健全长效保障机制，为他们蹲点生活、挂职锻炼、采风创作提供必要的工作条件和成果展示平台。完善激励机制，把深入生活纳入文艺单位目标管理和领导班子业绩考核，作为文艺工作者业务考核、职称评定、表彰奖励的重要依据。发挥知名作家艺术家的带头作用，使深入生活、扎根人民在文艺界蔚然成风。

（3）**面向基层、服务群众**。坚持重心下移，把各种文艺惠民措施纳入公共文化服务体系建设规划，推行菜单式服务，以实效为标准，提升质量和水平。创新形式、持续开展"文化进万家"、"送欢乐下基层"、"心连心"、文化艺术志愿服务、农村电影放映、全民阅读等活动，深入推进服务农民、服务基层文化建设先进集体创建活动。组织实施基层群众文化建设工程，发挥农家书屋、社区书屋效用，落实乡镇文化站职能，在编制总量内健全社区文化中心专兼职岗位，落实国家规定的工资待遇政策。促进"送文化"与群众需求有效对接，加大政府对面向基层文艺产品和服务的购买力度。建立"结对子、种文化"工作机制，组织专业文艺工作者到基层教、学、帮、带。实施农村中小学艺术教育计划，鼓励艺术院校毕业生到农村中小学任教。

（4）**激发人民创造活力、繁荣群众文艺**。充分尊重人民群众的主体地位和首创精神，使蕴藏于群众中的创造活力充分迸发。制定繁荣群众文艺发展规划，健全群众文艺工作网络，发挥好基层文联、作协、文化馆（站）、群艺馆在群众文艺创作中的引领作用，壮大民间文艺力量。完善群众文艺扶持机制，扶持引导业余文艺社团、民营剧团、演出队、老年大学以及青少年文艺群体、网络文艺社群、社区和企业文艺骨干、乡土文化能人等广泛开展创作活动，创新载体形式，展示群众文艺创作优秀成果。提高社区文化、村镇文化、企业文化、校园文化、军营文化、网络文化建设水平，培育积极健康、多姿多彩的文化形态，引导群众在参与中自我表现、自我教育、自我服务。普及文艺知识，培养文艺爱好，提高全民文化素养。鼓励群众文艺与旅游、体育等相关产业相结合。

（5）**建立经得起人民检验的评价标准**。评价文艺作品，要以最广大人民的根本利益为出发点和落脚点，**坚持把社会效益放在首位**，努力实现社会效益和经济效益、社会价值和市场价值相统一，绝不让文艺成为市场的奴隶。建立健全反映文艺作品质量的综合评价体系，完善影视剧、文艺演出、美术和文艺类出版物等创作生产出版的立项、采购、评审标准，完善文艺作品推介传播等环节的评估标准，把票房收入、收视率、收听率、点击率、发行量等量化指标，与专家评价和群众认可统一起来，推动文艺健康发展。把服务群众和引领群众结合起来，既满足人民多样化精神文化需求，又加强引导、克服浮躁、讲品位、讲格调，坚决抵制趋利媚俗之风。

3. 让中国精神成为社会主义文艺的灵魂

（1）**聚焦中国梦的时代主题**。实现中华民族伟大复兴的中国梦，是当代文艺创作的鲜明主题。深入开展中国梦主题文艺创作活动，生动反映改革开放和社会主义现代化建设的伟大实践，全面展示中国特色社会主义发展前景，着力书写人们寻梦的理想和追梦的奋斗，汇聚起同心共筑中国梦的强大精神力量。不断丰富拓展中国梦的表现内容，既讲好国家民族宏大故事，又讲好百姓身边日常故事，用生动的艺术形象和叙事体现中国梦的丰富内涵，见人、见事、见精神。

（2）**培育和弘扬社会主义核心价值观**。社会主义核心价值观是中国精神的集中体现和时代表达。坚持以社会主义核心价值观引领文艺创作生产，实现核心价值观的全方位贯穿、深层次融入，通过精彩的故事、鲜活的语言、丰满的形象，使核心价值观生动活泼、活灵活现地体现在文艺作品中，潜移默化、滋养人心，让人们在文化熏陶中感悟认同社会主流价值。运用各种形式，艺术展现党史国史上的重大事件、重要人物，让光辉业绩、革命传统一代一代传承光大。大力支持文艺单位和作家艺术家从社会生活、当代人物中挖掘题材，讴歌真善美，贬斥假恶丑，彰显信仰之美、崇高之美，引导人们向往和追求讲道德、尊道德、守道德的生活。文学、艺术、电影、出版等方面的基金、资金，重点支持传递向上向善价值观的青少年文艺创作和推广。

（3）唱响爱国主义主旋律。爱国主义是中国精神最深层、最根本的内容，也是文艺创作的永恒追求。坚持唯物史观，不管历史条件发生任何变化，凡是为中华民族作出历史贡献的英雄，都应得到尊敬、受到颂扬、被人民记忆、由文艺书写。组织和支持爱国主义题材文艺创作，大力讴歌民族英雄，倾诉家国情怀，弘扬集体主义精神，不断增强做中国人的骨气和底气。正确反映中华民族五千多年文明史、中国人民近代以来斗争史、中国共产党奋斗史、中华人民共和国发展史、当代中国改革开放史，生动反映各族人民维护祖国统一、海外儿女心向祖国的心路历程。旗帜鲜明反对历史虚无主义，抵制否定中华文明、破坏民族团结、歪曲党史国史、诋毁国家形象、丑化人民群众的言论和行为，反对以洋为尊、唯洋是从，引导人民树立和坚持正确的历史观、民族观、国家观、文化观，不断增强中国特色社会主义道路自信、理论自信、制度自信。拓展爱国主义题材的表现空间，不断丰富形式、创新手法，增强艺术魅力。充分运用重要纪念日、民族传统节日等时间节点，集中展映展播展示群众喜爱的爱国主义优秀作品，开展丰富多彩的群众性文化活动。

（4）传承和弘扬中华优秀传统文化。中华优秀传统文化是中华民族的精神命脉，是我们屹立于世界文化之林的坚实根基。坚守中华文化立场，坚持古为今用、推陈出新，秉持客观科学礼敬的态度，努力实现创造性转化和创新性发展。弃其糟粕、取其精华，从传统文化中提炼符合当今时代需要的思想理念、道德规范、价值追求，赋予新意、创新形式，进行艺术转化和提升，创作更多具有中华文化底色、鲜明中国精神的文艺作品。实施中华文化传承工程，通过国民教育、民间传承、礼仪规范、政策引导和舆论宣传、文艺创作等各个方面，传承中华文化基因。做好古籍整理、经典出版、义理阐释、社会普及工作。加强对中华诗词、音乐舞蹈、书法绘画、曲艺杂技和历史文化纪录片、动画片、出版物等的扶持。发展民族民间艺术，保护和发掘我国少数民族文艺成果及资源，保护和传承非物质文化遗产。实施地方戏曲振兴计划，做好京剧"像音像"工作，挖掘整理优秀传统剧目，推进数字化保存和传播。推进基层国有文艺院团排练演出场所建设，政府采购戏曲项目，提供公共文化服务，推进戏曲进校园。扶持中华文化基因校园传承工作，建设一批中华优秀传统文化教育基地。

4. 创作无愧于时代的优秀作品

（1）**把创作优秀作品作为中心环节**。牢固树立精品意识，推出更多思想精深、艺术精湛、制作精良，体现时代文化成就、代表国家文化形象的文艺精品。组织实施中国当代文学艺术创作工程，科学编制现实题材、爱国主义题材、重大革命和历史题材、青少年题材等专项创作规划，优化创作生产平台，重点支持文学、影视剧、戏剧、音乐、美术等创作。提高组织化程度，集中力量、集聚资源，推出一批有筋骨、有道德、有温度、艺术震撼力强的大作力作，努力形成文艺创作生产的"高峰"。中央和地方设立文艺创作专项资金或基金，加大对创作生产的投入，加强对评论、宣传和推广的保障。发挥精神文明建设"五个一工程"等的示范导向作用，加大评奖成果的宣传展示。办好媒体文艺栏目节目，实施中国文艺原创精品出版项目。

（2）**把创新精神贯穿创作生产全过程**。坚持思想性、艺术性相统一，坚持内容为王、创意致胜，提高文艺原创能力，在探索中突破超越，在融合中出新出彩，着力增强文艺作品的吸引力、感染力。重点扶持文学、剧本、作曲等原创性、基础性环节，注重富有个性化的创造，避免过多过滥的重复改编。把继承创新和交流借鉴统一起来，深入挖掘和提炼优秀传统文化中的有益思想艺术价值，积极吸收各国优秀文化成果，使文艺更加符合时代进步潮流，更好引领社会风尚。推动文艺与新技术、新业态、新模式、新媒体有机融合，以数字化技术为先导，积极推动文艺创作生产方式的变革和进步，丰富创作手段，拓展艺术空间，不断增强艺术表现力、核心竞争力。

（3）**高度重视和切实加强文艺理论和评论工作**。坚持以马克思主义为指导，继承中国传统文艺理论评论优秀遗产，批判借鉴外国文艺理论，研究梳理、弘扬创新中华美学精神，推动美德、美学、美文相结合，展现当代中国审美风范。实施马克思主义文艺理论与评论建设工程，深入研究中国特色社会主义文艺理论，编好用好马克思主义文艺理论教材，把马克思主义中国化最新成果贯穿到课堂教学和文艺评论实践各环节。扶持重点文艺评论力量，发挥好各级文艺评论组织、研究机构、高等学校的积极作用。办好重点文艺评论报刊、网站和栏目，丰富表达形式，拓展传播途径。坚持运用历史的、人民的、艺术的、美学的观点评判和鉴赏作品，褒优贬劣、激浊扬清。

（4）大力发展网络文艺。网络文艺充满活力，发展潜力巨大。坚持"重在建设和发展、管理、引导并重"的方针，实施网络文艺精品创作和传播计划，鼓励推出优秀网络原创作品，推动网络文学、网络音乐、网络剧、微电影、网络演出、网络动漫等新兴文艺类型繁荣有序发展，促进传统文艺与网络文艺创新性融合，鼓励作家艺术家积极运用网络创作传播优秀作品。充分发挥新媒体的独特优势，把握传播规律，加强重点文艺网站建设，善于运用微博、微信、移动客户端等载体，促进优秀作品多渠道传输、多平台展示、多终端推送。加强内容管理，创新管理方式，规范传播秩序，让正能量引领网络文艺发展。

（5）加强文艺阵地建设。进一步加强领导、加强规划、加大投入，充分发挥报纸、期刊、电台、电视台、网络媒体、图书音像电子出版物的积极作用，建好用好剧场、电影院、文化馆（站）、群艺馆、美术馆、工人文化宫、文化广场、基层综合性文化服务中心等各类文艺阵地。因地制宜、因时制宜，采用群众喜闻乐见的方式，举办各种展映展播展演展览和品读鉴赏传唱活动，让优秀文艺作品走进基层群众特别是广大青少年。切实增强政治意识、责任意识、阵地意识，按照谁主管谁负责和属地管理原则，加强对各类文艺阵地的管理，做到守土有责、守土负责、守土尽责，绝不给错误文艺思潮和不良文艺作品提供传播渠道。

（6）推动优秀文艺作品走出去。运用文艺形式讲好中国故事、展示中国魅力，是树立当代中国良好形象、提升国家文化软实力的重要战略任务。深入挖掘博大精深的传统文化、多姿多彩的民族文化、昂扬向上的红色文化、充满生机的当代文化，创作生产符合对外传播规律、易于让国外受众接受的优秀作品，不断增强中国文艺的吸引力感召力。加强统筹指导，完善协调机制，把实施丝绸之路文化项目、丝绸之路影视桥、丝路书香等项目纳入国家"一带一路"建设，制订文化交流合作专项计划。实施中国当代作品翻译工程，遴选具有代表性的中国当代文艺作品，进行多语种翻译、出版、播映、展示。充分利用国内和国际、政府和民间多种对外交流渠道和活动平台，把文艺走出去纳入人文交流机制，向世界推介我国优秀文艺作品。

5. 建设德艺双馨的文艺队伍

（1）加强思想道德建设。文艺工作者是灵魂的工程师，必须把思想道德建设放在首位。深化马克思主义文艺观学习教育，引导文艺工作者成为党的文艺方针政策的拥护者、践行者，成为时代风气的先行者、先倡者。深化社会主义核心价值观学习教育，引导文艺工作者打牢世界观、人生观、价值观的根底，明确是非、善恶、美丑的界限，摒弃低俗、庸俗、媚俗现象，弘扬公德良序，树立新风正气。组织开展"做人民喜爱的文艺工作者"活动，引导文艺工作者牢记文化担当和社会责任，不断提高学养、涵养、修养。广泛开展职业道德职业精神教育，引导文艺工作者自觉遵守《中国文艺工作者职业道德公约》，处理好义利关系，反对拜金主义、享乐主义、极端个人主义，秉持职业操守，树立良好形象。

（2）培养造就文艺领军人物和高素质文艺人才。着眼于培养大批有影响的各领域文艺领军人物，造就大批人民喜爱的名家大师和民族文化代表人物，深入实施文化名家暨"四个一批"人才工程，进一步加大文艺名家资助扶持、宣传推介力度，实施好国家"千人计划""万人计划"文化艺术人才项目，加大国内文化艺术领军人才和青年拔尖人才培养支持力度。加强马克思主义文艺理论评论队伍建设，实施文艺理论评论队伍培养计划。做好各类文艺人才培训工作，实施基层文化队伍培训计划、民族地区文艺人才培养计划。加强和改进专业艺术教育工作，优化专业结构，提高教学质量。落实重大文化项目首席专家制度，完善文艺人才职称职务评聘措施和办法，支持特殊专业艺术人才的学历、职称认定。

（3）做好新的文艺组织和文艺群体工作。新的文艺组织和文艺群体已经成为文化艺术领域的有生力量。要扩大工作覆盖面，延伸联系手臂，完善工作机制，创新组织方式，做好团结、引导、服务工作，发挥好新的文艺组织和文艺群体在繁荣发展社会主义文艺中的积极作用。各级宣传、文化、新闻出版广电部门和文联、作协，要在项目申报、教育培训、展演展示、评比奖励等方面创造条件，在发展会员、职称评定等方面提供便利。文化园区、新的文艺群体聚居区所在县（区）以及街道、乡镇党委和政府要切实加强管理和服务。

第二部分

法律基础

FALÜJICHU

第四章

《宪法》及相关法

1. 考试大纲

了解《宪法》关于我国的基本制度和根本任务，基本国策，国家发展文化事业、加强社会主义精神文明建设以及公民的基本权利和义务的规定。

掌握《国旗法》关于国旗图案，升挂国旗，使用国旗的规定；《国歌法》关于国歌名称，奏唱国歌，使用国歌的规定；《国徽法》关于国徽图案，悬挂国徽，使用国徽的规定。

2. 大纲解读

序号	主要内容	考纲要求
1	《宪法》关于我国的基本制度和根本任务，基本国策，国家发展文化事业、加强社会主义精神文明建设以及公民的基本权利和义务的规定	了解
2	《国旗法》关于国旗图案，升挂国旗，使用国旗的规定	掌握
3	《国歌法》关于国歌名称，奏唱国歌，使用国歌的规定	掌握
4	《国徽法》关于国徽图案，悬挂国徽，使用国徽的规定	掌握

3. 思维导图

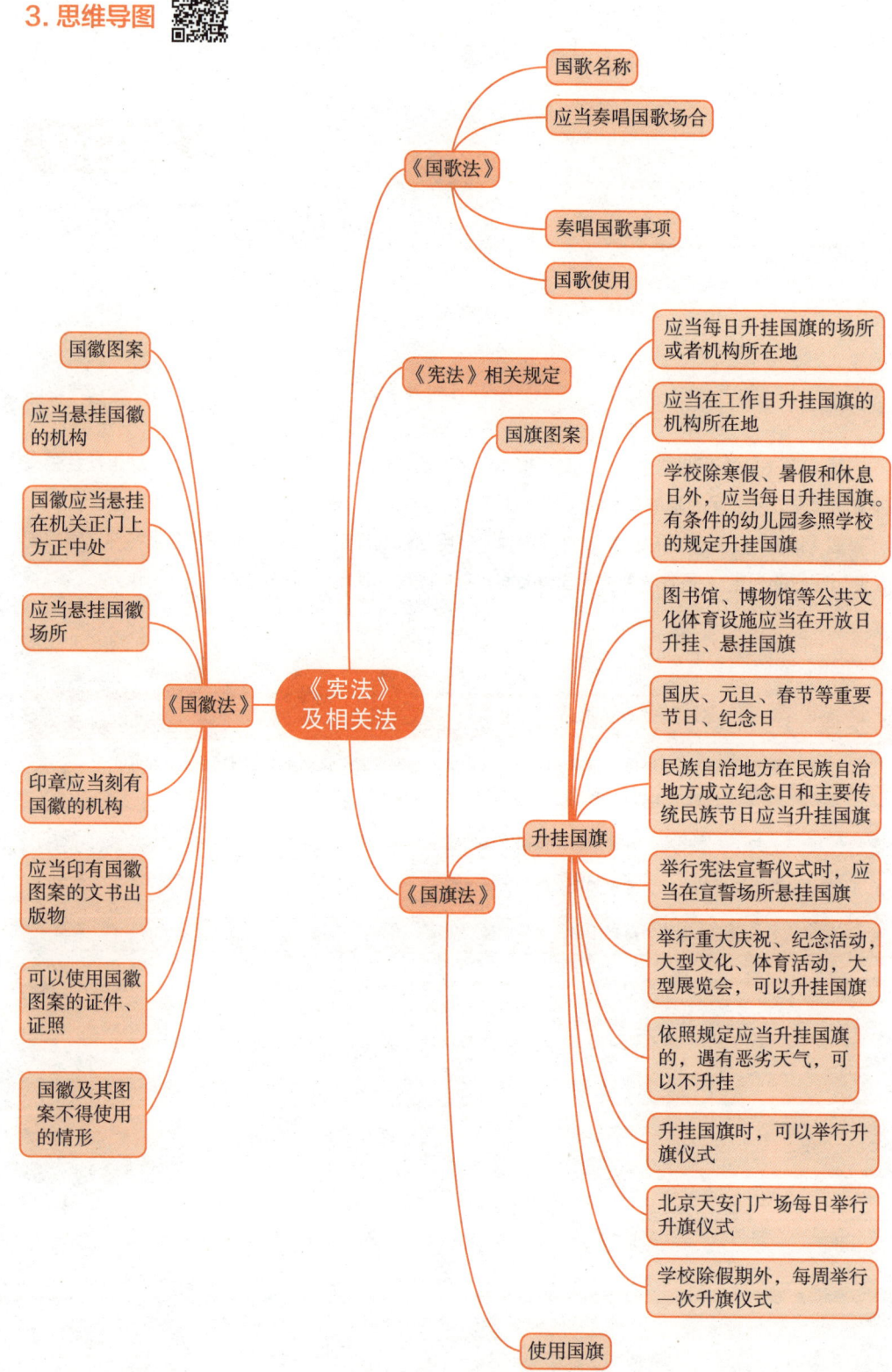

知 识 点 精 讲

知识点一

《宪法》关于我国的基本制度和根本任务，基本国策，国家发展文化事业、加强社会主义精神文明建设以及公民的基本权利和义务的规定（了解）

1. 我国的基本制度和根本任务

社会主义制度是中华人民共和国的根本制度。 中国共产党领导是中国特色社会主义最本质的特征。

我国的基本政治制度是包括中国共产党领导的多党合作和政治协商制度、民族区域自治制度以及基层群众自治制度。

国家在社会主义初级阶段，坚持公有制为主体、多种所有制经济共同发展的基本经济制度，坚持按劳分配为主体、多种分配方式并存的分配制度。

我国的根本任务是沿着中国特色社会主义道路，集中力量进行社会主义现代化建设。中国各族人民将继续在中国共产党领导下，在马克思列宁主义、毛泽东思想、邓小平理论、"三个代表"重要思想、科学发展观、习近平新时代中国特色社会主义思想指引下，坚持人民民主专政，坚持社会主义道路，坚持改革开放，不断完善社会主义的各项制度，发展社会主义市场经济，发展社会主义民主，健全社会主义法治，贯彻新发展理念，自力更生，艰苦奋斗，逐步实现工业、农业、国防和科学技术的现代化，推动物质文明、政治文明、精神文明、社会文明、生态文明协调发展，把我国建设成为富强民主文明和谐美丽的社会主义现代化强国，实现中华民族伟大复兴。

2. 基本国策

合理利用土地和保护耕地、计划生育、环境保护、科教兴国、"一国两制"、对外开放、男女平等、水土保持。

3. 国家发展文化事业

国家发展为人民服务、为社会主义服务的文学艺术事业、新闻广播电视事业、出版发行事业、图书馆博物馆文化馆和其他文化事业，开展群众性的文化活动。

国家保护名胜古迹、珍贵文物和其他重要历史文化遗产。

国家对于从事教育、科学、技术、文学、艺术和其他文化事业的公民的有益于人民的创造性工作，给以鼓励和帮助。

4. 加强社会主义精神文明建设

国家通过普及理想教育、道德教育、文化教育、纪律和法制教育，通过在城乡不同范围的群众中制定和执行各种守则、公约，加强社会主义精神文明的建设。

国家倡导社会主义核心价值观，提倡爱祖国、爱人民、爱劳动、爱科学、爱社会主义的公德，在人民中进行爱国主义、集体主义和国际主义、共产主义的教育，进行辩证唯物主义和历史唯物主义的教育，反对资本主义的、封建主义的和其他的腐朽思想。

5. 公民的基本权利和义务

公民基本权利：①平等权，法律面前一律平等；②人身自由权与人格权，包括人身自由、住宅、人格尊严等不受侵犯，通信自由和通信秘密受法律保护；③政治权利与自由，包括选举权和被选举权，表现权；④宗教信仰自由；⑤监督权和取得赔偿权；⑥社会经济权利，包括劳动权利，劳动者休息权利等；⑦社会文化权利和自由，包括受教育、科学、文化权利和自由；⑧妇女、婚姻、家庭、母亲、儿童和老人受国家保护；⑨妇女保护权，包括妇女在政治、经济、文化和家庭等方面享有同男子同等的权利；⑩华侨、归侨和侨眷的正当权利和利益受国家保护。

公民基本义务：①维护国家统一和全国各民族团结；②遵守宪法和法律，尊重社会公德；③维护祖国安全、荣誉和利益；④保卫祖国，抵抗侵略，依法服兵役和参加民兵组织；⑤依法纳税；⑥计划生育。

知识点二

《国旗法》关于国旗图案，升挂国旗，使用国旗的规定（掌握）

1. 中华人民共和国国旗是五星红旗

中华人民共和国国旗按照中国人民政治协商会议第一届全体会议主席团公布的国旗制法说明制作。

2. 下列场所或者机构所在地，应当每日升挂国旗

（1）北京天安门广场、新华门；

（2）中国共产党中央委员会，全国人民代表大会常务委员会，国务院，中央军事委员会，中国共产党中央纪律检查委员会、国家监察委员会，最高人民法院，最高人民检察院；中国人民政治协商会议全国委员会；

（3）外交部；

（4）出境入境的机场、港口、火车站和其他边境口岸，边防海防哨所。

3. 下列机构所在地应当在工作日升挂国旗

（1）中国共产党中央各部门和地方各级委员会；

（2）国务院各部门；

（3）地方各级人民代表大会常务委员会；

（4）地方各级人民政府；

（5）中国共产党地方各级纪律检查委员会、地方各级监察委员会；

（6）地方各级人民法院和专门人民法院；

（7）地方各级人民检察院和专门人民检察院；

（8）中国人民政治协商会议地方各级委员会；

（9）各民主党派、各人民团体；

（10）中央人民政府驻香港特别行政区有关机构、中央人民政府驻澳门特别行政区有关机构。

学校除寒假、暑假和休息日外，应当每日升挂国旗。有条件的幼儿园参照学校的规定升挂国旗。

图书馆、博物馆、文化馆、美术馆、科技馆、纪念馆、展览馆、体育馆、青少年宫等公共文化体育设施应当在开放日升挂、悬挂国旗。

4.国庆节、国际劳动节、元旦、春节和国家宪法日等重要节日、纪念日，各级国家机关、各人民团体以及大型广场、公园等公共活动场所应当升挂国旗；企业事业组织、村民委员会、居民委员会，居民院（楼、小区）有条件的应当升挂国旗。

民族自治地方在民族自治地方成立纪念日和主要传统民族节日应当升挂国旗。

举行宪法宣誓仪式时，应当在宣誓场所悬挂国旗。

5.举行重大庆祝、纪念活动，大型文化、体育活动，大型展览会，可以升挂国旗。

6.依照《国旗法》第五条、第六条、第七条的规定升挂国旗的，应当早晨升起，傍晚降下。

依照《国旗法》规定应当升挂国旗的，遇有恶劣天气，可以不升挂。

7.升挂国旗时，可以举行升旗仪式。

举行升旗仪式时，应当奏唱国歌。在国旗升起的过程中，在场人员应当面向国旗肃立，行注目礼或者按照规定要求敬礼，不得有损害国旗尊严的行为。

北京天安门广场每日举行升旗仪式。

学校除假期外，每周举行一次升旗仪式。

8.在直立的旗杆上升降国旗，应当徐徐升降。升起时，必须将国旗升至杆顶；降下时，不得使国旗落地。

下半旗时，应当先将国旗升至杆顶，然后降至旗顶与杆顶之间的距离为旗杆全长的三分之一处；降下时，应当先将国旗升至杆顶，然后再降下。

9.国旗及其图案不得用作商标、授予专利权的外观设计和商业广告，不得用于私人丧事活动等不适宜的情形。

在公共场合故意以焚烧、毁损、涂画、玷污、践踏等方式侮辱中华人民共和国国旗的，依法追究刑事责任；情节较轻的，由公安机关处以十五日以下拘留。

解读：

《国旗法》是新修改法律，国旗升挂使用有关规定是考试易考内容。

知识点三

《国歌法》关于国歌名称，奏唱国歌，使用国歌的规定（掌握）

1. 中华人民共和国国歌是《义勇军进行曲》

2. 在下列场合，应当奏唱国歌

（1）全国人民代表大会会议和地方各级人民代表大会会议的开幕、闭幕；中国人民政治协商会议全国委员会会议和地方各级委员会会议的开幕、闭幕；

（2）各政党、各人民团体的各级代表大会等；

（3）宪法宣誓仪式；

（4）升国旗仪式；

（5）各级机关举行或者组织的重大庆典、表彰、纪念仪式等；

（6）国家公祭仪式；

（7）重大外交活动；

（8）重大体育赛事；

（9）其他应当奏唱国歌的场合。

3. 奏唱国歌，应当按照《国歌法》附件所载国歌的歌词和曲谱，不得采取有损国歌尊严的奏唱形式。

奏唱国歌时，在场人员应当肃立，举止庄重，不得有不尊重国歌的行为。

4. 国歌不得用于或者变相用于商标、商业广告，不得在私人丧事活动等不适宜的场合使用，不得作为公共场所的背景音乐等。

5. 国庆节、国际劳动节等重要的国家法定节日、纪念日，中央和省、自治区、直辖市的广播电台、电视台应当按照国务院广播电视主管部门规定的时点播放国歌。

6. 在公共场合，故意篡改国歌歌词、曲谱，以歪曲、贬损方式奏唱国歌，或者以其他方式侮辱国歌的，由公安机关处以警告或者十五日以下拘留；构成犯罪的，依法追究刑事责任。

知识点四

《国徽法》关于国徽图案，悬挂国徽，使用国徽的规定（掌握）

1. 中华人民共和国国徽，中间是五星照耀下的天安门，周围是谷穗和齿轮

中华人民共和国国徽按照1950年中央人民政府委员会通过的《中华人民共和国国徽图案》和中央人民政府委员会办公厅公布的《中华人民共和国国徽图案制作说明》制作。

2. 下列机构应当悬挂国徽

（1）各级人民代表大会常务委员会；

（2）各级人民政府；

（3）中央军事委员会；

（4）各级监察委员会；

（5）各级人民法院和专门人民法院；

（6）各级人民检察院和专门人民检察院；

（7）外交部；

（8）国家驻外使馆、领馆和其他外交代表机构；

（9）中央人民政府驻香港特别行政区有关机构、中央人民政府驻澳门特别行政区有关机构；

（10）国徽应当悬挂在机关正门上方正中处。

3. 下列场所应当悬挂国徽

（1）北京天安门城楼、人民大会堂；

（2）县级以上各级人民代表大会及其常务委员会会议厅，乡、民族乡、镇的人民代表大会会场；

（3）各级人民法院和专门人民法院的审判庭；

（4）宪法宣誓场所；

（5）出境入境口岸的适当场所。

4. 下列机构的印章应当刻有国徽图案

（1）全国人民代表大会常务委员会，国务院，中央军事委员会，国家监察委员会，最高人民法院，最高人民检察院；

（2）全国人民代表大会各专门委员会和全国人民代表大会常务委员会办公厅、工作委员会，国务院各部、各委员会、各直属机构、国务院办公厅以及国务院规定应当使用刻有国徽图案印章的办事机构，中央军事委员会办公厅以及中央军事委员会规定应当使用刻有国徽图案印章的其他机构；

（3）县级以上地方各级人民代表大会常务委员会、人民政府、监察委员会、人民法院、人民检察院，专门人民法院，专门人民检察院；

（4）国家驻外使馆、领馆和其他外交代表机构。

5. 下列文书、出版物等应当印有国徽图案

（1）全国人民代表大会常务委员会、中华人民共和国主席和国务院颁发的荣誉证书、任命书、外交文书；

（2）中华人民共和国主席、副主席，全国人民代表大会常务委员会委员长、副委员长，国务院总理、副总理、国务委员，中央军事委员会主席、副主席，国家监察委员会主任，最高人民法院院长和最高人民检察院检察长以职务名义对外使用的信封、信笺、请柬等；

（3）全国人民代表大会常务委员会公报、国务院公报、最高人民法院公报和最高人民检察院公报的封面；

（4）国家出版的法律、法规正式版本的封面。

6. 下列证件、证照可以使用国徽图案

（1）国家机关工作人员的工作证件、执法证件等；

（2）国家机关颁发的营业执照、许可证书、批准证书、资格证书、权利证书等；

（3）居民身份证，中华人民共和国护照等法定出入境证件；

（4）国家机关和武装力量的徽章可以将国徽图案作为核心图案；

（5）公民在庄重的场合可以佩戴国徽徽章，表达爱国情感。

7.国徽及其图案不得用于

（1）商标、授予专利权的外观设计、商业广告；

（2）日常用品、日常生活的陈设布置；

（3）私人庆吊活动；

（4）国务院办公厅规定不得使用国徽及其图案的其他场合；

（5）不得悬挂破损、污损或者不合规格的国徽；

（6）在公共场合故意以焚烧、毁损、涂画、玷污、践踏等方式侮辱中华人民共和国国徽的，依法追究刑事责任；情节较轻的，由公安机关处以十五日以下拘留。

8.国徽象征中国人民自"五四"运动以来的新民主主义革命斗争和工人阶级领导的以工农联盟为基础的人民民主专政的新中国的诞生。

解读：

《国徽法》也是新修改法律，国旗悬挂使用有关规定是考试易考内容。

第五章

《民法典》

1. 考试大纲

了解《民法典》总则编关于自然人的民事权利能力，法人的定义和范围，非法人组织的定义和范围的规定；《民法典》人格权编关于姓名权和名称权，肖像权，名誉权和荣誉权，隐私权和个人信息保护的规定；《民法典》侵权责任编关于用工单位责任和劳务派遣单位、劳务用工单位责任，个人劳务关系中的侵权责任，安全保障义务人责任，损害赔偿的规定。

熟悉《民法典》合同编关于买卖合同，委托合同，行纪合同的规定。

掌握《民法典》合同编关于合同的订立，合同的效力，违约责任的规定。

2. 大纲解读

序号	主要内容	考纲要求
1	《民法典》总则编关于自然人的民事权利能力，法人的定义和范围，非法人组织的定义和范围的规定	了解
2	《民法典》人格权编关于姓名权和名称权，肖像权，名誉权和荣誉权，隐私权和个人信息保护的规定	了解
3	《民法典》侵权责任编关于用工单位责任和劳务派遣单位、劳务用工单位责任，个人劳务关系中的侵权责任，安全保障义务人责任，损害赔偿的规定	了解
4	《民法典》合同编关于买卖合同，委托合同，行纪合同的规定	熟悉
5	《民法典》合同编关于合同的订立，合同的效力，违约责任的规定	掌握

3. 思维导图

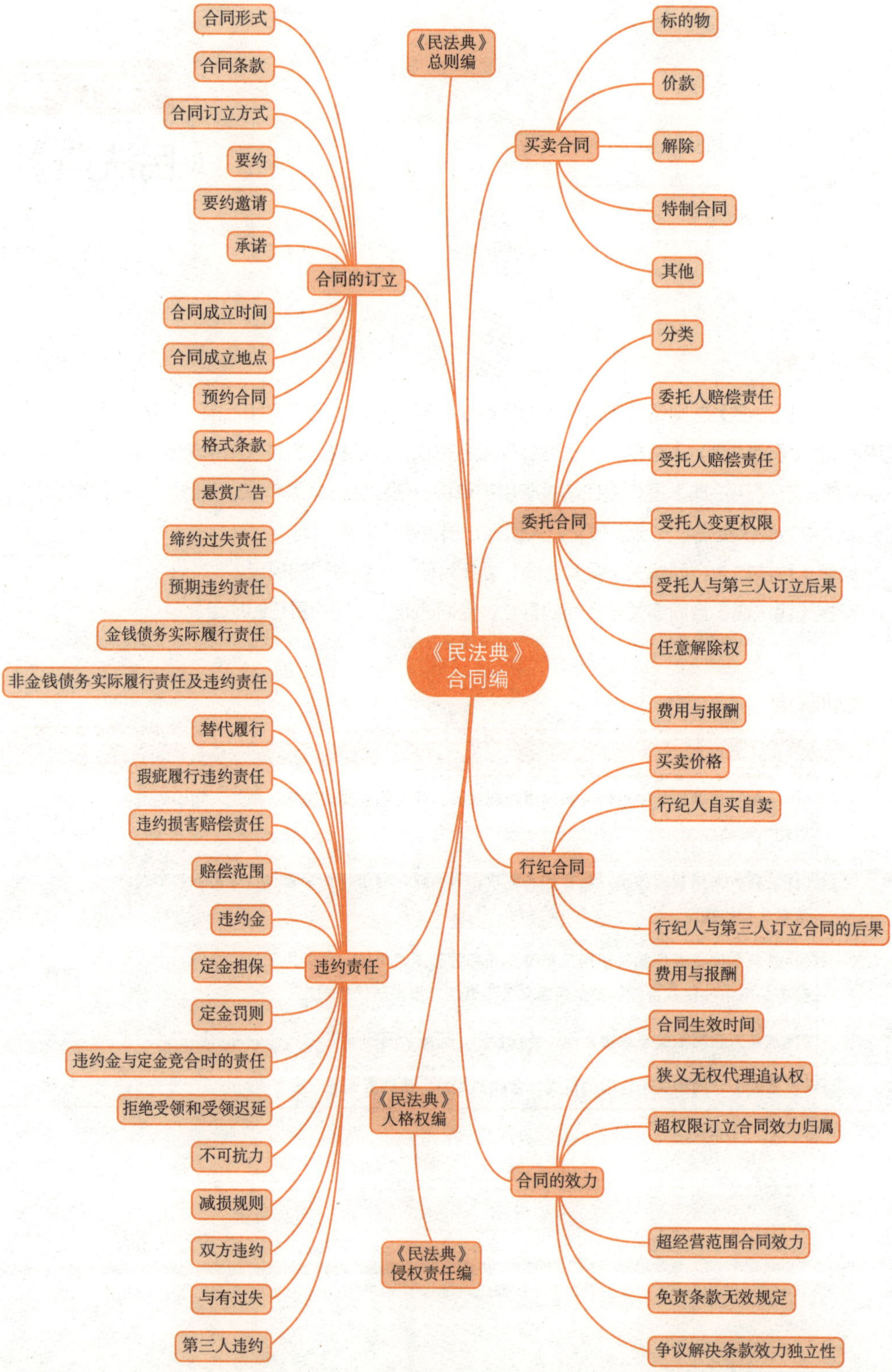

《民法典》合同编
- 《民法典》总则编
- 买卖合同
  - 标的物
  - 价款
  - 解除
  - 特制合同
  - 其他
- 合同的订立
  - 合同形式
  - 合同条款
  - 合同订立方式
  - 要约
  - 要约邀请
  - 承诺
  - 合同成立时间
  - 合同成立地点
  - 预约合同
  - 格式条款
  - 悬赏广告
  - 缔约过失责任
- 委托合同
  - 分类
  - 委托人赔偿责任
  - 受托人赔偿责任
  - 受托人变更权限
  - 受托人与第三人订立后果
  - 任意解除权
  - 费用与报酬
- 行纪合同
  - 买卖价格
  - 行纪人自买自卖
  - 行纪人与第三人订立合同的后果
  - 费用与报酬
- 违约责任
  - 预期违约责任
  - 金钱债务实际履行责任
  - 非金钱债务实际履行责任及违约责任
  - 替代履行
  - 瑕疵履行违约责任
  - 违约损害赔偿责任
  - 赔偿范围
  - 违约金
  - 定金担保
  - 定金罚则
  - 违约金与定金竞合时的责任
  - 拒绝受领和受领迟延
  - 不可抗力
  - 减损规则
  - 双方违约
  - 与有过失
  - 第三人违约
- 合同的效力
  - 合同生效时间
  - 狭义无权代理追认权
  - 超权限订立合同效力归属
  - 超经营范围合同效力
  - 免责条款无效规定
  - 争议解决条款效力独立性
- 《民法典》人格权编
- 《民法典》侵权责任编

知识点精讲

知识点一
《民法典》总则编关于自然人的民事权利能力，法人的定义和范围，非法人组织的定义和范围的规定（了解）

1. 自然人的民事权利能力

（1）成年人为完全民事行为能力人，可以独立实施民事法律行为。

十六周岁以上的未成年人，以自己的劳动收入为主要生活来源的，视为完全民事行为能力人。

（2）八周岁以上的未成年人为限制民事行为能力人，实施民事法律行为由其法定代理人代理或者经其法定代理人同意、追认；但是，可以独立实施纯获利益的民事法律行为或者与其年龄、智力相适应的民事法律行为。

（3）不满八周岁的未成年人为无民事行为能力人，由其法定代理人代理实施民事法律行为。

（4）不能辨认自己行为的成年人为无民事行为能力人，由其法定代理人代理实施民事法律行为。

八周岁以上的未成年人不能辨认自己行为的，适用前款规定。

（5）不能完全辨认自己行为的成年人为限制民事行为能力人，实施民事法律行为由其法定代理人代理或者经其法定代理人同意、追认；但是，可以独立实施纯获利益的民事法律行为或者与其智力、精神健康状况相适应的民事法律行为。

（6）无民事行为能力人、限制民事行为能力人的监护人是其法定代理人。

2. 法人及非法人组织

（1）法人是具有民事权利能力和民事行为能力，依法独立享有民事权利和承担民事义务的组织。法人的本质是法人能够与自然人同样具有民事权利能力，成为享有权利、负担义务的民事主体。法人应当依法成立。

①法人应当有自己的名称、组织机构、住所、财产或者经费。法人成立的具体条件和程序，依照法律、行政法规的规定。②设立法人，法律、行政法规规定须经有关机关批准的，依照其规定。③法人的民事权利能力和民事行为能力，从法人成立时产生，到法人终止时消灭。④法人以其全部财产独立承担民事责任。⑤依照法律或者法人章程的规定，代表法人从事民事活动的负责人，为法人的法定代表人。⑥法定代表人以法人名义从事的民事活动，其法律后果由法人承受。⑦法人章程或者法人权力机构对法定代表人代表权的限制，不得对抗善意相对人。

（2）《民法典》以法人成立目的的不同为标准，将法人分为营利法人、非营利法人和特别法人。

①营利法人是以取得利润并分配给股东等出资人为目的成立的法人，营利法人包括有限责任公司、股份有限公司和其他企业法人等。营利法人经依法登记成立。

②非营利法人是为公益目的或者其他非营利目的成立，不向出资人、设立人或者会员分配所取得利润的法人。非营利法人包括事业单位、社会团体、基金会、社会服务机构等。

③特别法人包括机关法人、农村集体经济组织法人、城镇农村的合作经济组织法人、基层群众性自治组织法人。机关法人、农村集体经济组织法人、城镇农村的合作经济组织法人、基层群众性自治组织法人；农村集体经济组织依法取得法人资格；城镇农村的合作经济组织依法取得法人资格。

（3）非法人组织是不具有法人资格，但是能够依法以自己的名义从事民事活动的组织。非法人组织包括个人独资企业、合伙企业、不具有法人资格的专业服务机构等。

知识点二

《民法典》人格权编关于姓名权和名称权，肖像权，名誉权和荣誉权，隐私权和个人信息保护的规定（了解）

1. 人格权是民事主体享有的生命权、身体权、健康权、姓名权、名称权、肖像权、名誉权、荣誉权、隐私权等权利。

除前款规定的人格权外，自然人享有基于人身自由、人格尊严产生的其他人格权益。

解读：

本条是关于人格权类型的规定。①条文采用的是列举式的方式列举人格权的权利内容，需要我们熟悉属于人格权的权利。②第1款列举的人格权的具体类型，而第2款规定了人格权益的一般条款，条文也对人格权益进行了定义：是自然人基于人身自由、人格尊严产生而享有的权益。③人格权益：如结婚自由、离婚自由等。

2. 民事主体的人格权受法律保护，任何组织或者个人不得侵害。

解读：

本条是关于人格权受法律保护的规定。①民事主体包括：自然人、法人、非法人组织。②民事主体都享有民事权利及其他合法权益受法律保护是民法的基本精神，是民事立法的出发点和落脚点。

3. 人格权不得放弃、转让或者继承。

解读：

本条是关于人格权专属性的规定。人格权具有专属性，是人格权与财产权的重要区别，与权利主体不可分离，所以条文规定：权利不得放弃、转让或者继承的规定。

4. 自然人享有姓名权，有权依法决定、使用、变更或者许可他人使用自己的姓名，但是不得违背公序良俗。

解读：

本条是关于姓名权内容的规定。①《民法典》在继承我国民法通则规定的基础上明确将姓名权作为一种重要的具体人格权纳入人格权编，并明确规定，自然人享有姓名权。②注意自然人的姓名权是可以授权他人使用的，比如说周杰伦允许他人使用自己的名字。③法人或非法人机构，他们有的是名称权不是姓名权，名称权是属于人格权的范畴。

5. 法人、非法人组织享有名称权，有权依法决定、使用、变更、转让或者许可他人使用自己的名称。

　　解读：

　　本条是关于法人和非法人组织的名称权的规定。①法人、非法人组织享有的是名称权，不是姓名权。②名称权享有五项权能，如决定、使用、变更、转让或者许可他人使用自己的名称，如特斯拉允许他人使用特斯拉的名称。

6. 任何组织或者个人不得以干涉、盗用、假冒等方式侵害他人的姓名权或者名称权。

　　解读：

　　本条是关于禁止以干涉、盗用、假冒等方式侵害他人的姓名权或者名称权的规定。实践中较为典型的侵害姓名权或者名称权的行为，如子女成年后，其父母没有正当理由不允许其变更姓名；如打着经过某著名人士同意或者授权的幌子，以该著名人士的名义开办会所，这种侵害方式的核心是侵权人的行为让他人误以为姓名权人、名称权人同意或者授权侵权人以其名义从事民事活动，但并没有宣称其就是该姓名权人或者名称权人；如侵权人假冒姓名权人或者名称权人之名进行活动，冒名顶替上大学。

7. 具有一定社会知名度，被他人使用足以造成公众混淆的笔名、艺名、网名、译名、字号、姓名和名称的简称等，参照适用姓名权和名称权保护的有关规定。

　　解读：

　　本条是关于保护笔名、艺名、网名、字号等的规定。①笔名、艺名、网名都是名称，适用的是姓名权和名称权的保护规定。②拥有社会知名度的笔名等，是具有保护价值的，比如说金庸先生，就是笔名，比起本名查良镛更出名；比如说艺名，《民法典》就考虑到艺名是针对特定自然人的，其他民事主体盗用、假冒艺名直接损害的是特定自然人的利益，因此，艺名应当属于使用该艺名的自然人。至于公司在艺名的推广过程中所付出的代价则可由艺人与公司的合同解决，若他人使用艺人的艺名同时损害公司权益的，艺人所在的公司可以基于不正当竞争等事由进行救济。

8. 自然人享有肖像权，有权依法制作、使用、公开或者许可他人使用自己的肖像。

肖像是通过影像、雕塑、绘画等方式在一定载体上所反映的特定自然人可以被识别的外部形象。

解读：

本条是关于肖像权的权能和肖像定义的规定。①只有自然人才享有肖像权，法人或其他组织是不享有的。②肖像的定义是通过影像、雕塑、绘画等方式在一定载体上所反映的特定自然人可以被识别的外部形象，注意一定是人的形象才是肖像。③肖像权有四项权能，依法制作、使用、公开或者许可他人使用自己的肖像。

9. 任何组织或者个人不得以丑化、污损，或者利用信息技术手段伪造等方式侵害他人的肖像权。未经肖像权人同意，不得制作、使用、公开肖像权人的肖像，但是法律另有规定的除外。

未经肖像权人同意，肖像作品权利人不得以发表、复制、发行、出租、展览等方式使用或者公开肖像权人的肖像。

解读：

本条是关于禁止他人侵犯他人肖像权的规定（民法上表述他人，既包括自然人也包括法人或其他组织）。

（1）肖像权是自然人的人格权。

（2）人格权就具有绝对性、专属性、排他性等特征，肖像权人对其肖像既享有依法制作、使用、公开或者许可他人使用的权利，也享有排除他人侵害的权利。

（3）"丑化"是指通过艺术加工或者改造的方法，对他人的肖像加以歪曲、诬蔑、贬低；"污损"是指将他人的肖像损坏或弄脏，如往他人的照片上泼墨水或者焚烧、撕扯他人的照片等行为；"利用信息技术手段伪造"是指利用信息技术手段编造或者捏造他人肖像，以假乱真，以达到利用不存在的事物来谋取非法利益，如利用现在的人工智能技术将他人的肖像深度伪造到特定场景中或者移花接木到其他人的身体上以达到非法目的。

（4）延伸：《民法典》第一千零二十条就是使用他人肖像权不需征得同意的例外规定：①为个人学习、艺术欣赏、课堂教学或者科学研究，在必要范围内使用肖像权人已经公开的肖像；②为实施新闻报道，不可避免地制作、使用、公开肖像权人的肖像；③为依法履行职责，国家机关在必要范围内制作、使用、公开肖像权人的肖像；④为展示特定公共环境，不可避免地制作、使用、公开肖像权人的肖像；⑤为维护公共利益或者肖像权人合法权益，制作、使用、公开肖像权人的肖像的其他行为。

10. 民事主体享有名誉权。任何组织或者个人不得以侮辱、诽谤等方式侵害他人的名誉权。名誉是对民事主体的品德、声望、才能、信用等的社会评价。

行为人为公共利益实施新闻报道、舆论监督等行为，影响他人名誉的，不承担民事责任，但是有下列情形之一的除外：①捏造、歪曲事实；②对他人提供的严重失实内容未尽到合理核实义务；③使用侮辱性言辞等贬损他人名誉。认定行为人是否尽到第二项规定的合理核实义务，应当考虑下列因素：①内容来源的可信度；②对明显可能引发争议的内容是否进行了必要的调查；③内容的时限性；④内容与公序良俗的关联性；⑤受害人名誉受贬损的可能性；⑥核实能力和核实成本。

行为人发表的文学、艺术作品以真人真事或者特定人为描述对象，含有侮辱、诽谤内容，侵害他人名誉权的，受害人有权依法请求该行为人承担民事责任。行为人发表的文学、艺术作品不以特定人为描述对象，仅其中的情节与该特定人的情况相似的，不承担民事责任。

民事主体有证据证明报刊、网络等媒体报道的内容失实，侵害其名誉权的，有权请求该媒体及时采取更正或者删除等必要措施。

解读：

以上是关于名誉权的有关规定。①民事主体包括自然人、法人和非法人组织。自然人的名誉本质上是其人格尊严和人格自由的体现。法人及非法人组织是社会经济发展到一定阶段后，基于民商事活动的需要，在法律拟制上产生的"人格"。法人、非法人组织的名誉是对其商业信誉、资产经营活动、经营业绩等方面的评价。自然人名誉权更注重精神利益的维护，而法人、非法人组织的名誉权更注重对财产利益的维护。②名誉权作为一种人格自由，不是绝对的，因公共利益需要可以进行一定限制，但不能侮辱、诽谤等。

11. 民事主体享有荣誉权。任何组织或者个人不得非法剥夺他人的荣誉称号，不得诋毁、贬损他人的荣誉。获得的荣誉称号应当记载而没有记载的，民事主体可以请求记载；获得的荣誉称号记载错误的，民事主体可以请求更正。

解读：

①荣誉是因特定主体的突出贡献或特殊劳动成果而由政府、社会组织授予的一种赞美称号。可以把荣誉视为名誉的一种特殊形式。

②名誉权和荣誉权属于人身权中的人格权，它们都与特定的人身不可分离而且没有直接的财产内容。但是，如果公民的名誉权和荣誉权受到侵害，可以要求赔偿由此造成的直接经济损失以及一定的精神损害金。

12. 自然人享有隐私权。任何组织或者个人不得以刺探、侵扰、泄露、公开等方式侵害他人的隐私权。

隐私是自然人的私人生活安宁和不愿为他人知晓的私密空间、私密活动、私密信息。

解读：

本条是关于隐私权内容以及隐私定义的规定。①只有自然人才享有隐私权，法人或其他组织享有的是商业秘密。②隐私的定义包括四部分内容，是自然人的私人生活安宁和不愿为他人知晓的私密空间、私密活动、私密信息。③隐私权属于人格权，也具有绝对性，排除任何组织或者个人以刺探、侵扰、泄露、公开等方式侵害他人的隐私权。

13. 除法律另有规定或者权利人明确同意外，任何组织或者个人不得实施下列行为：

（1）以电话、短信、即时通信工具、电子邮件、传单等方式侵扰他人的私人生活安宁；

（2）进入、拍摄、窥视他人的住宅、宾馆房间等私密空间；

（3）拍摄、窥视、窃听、公开他人的私密活动；

（4）拍摄、窥视他人身体的私密部位；

（5）处理他人的私密信息；

（6）以其他方式侵害他人的隐私权。

解读：

本条是关于保护隐私权的规定。①隐私权是一种重要的人格权，《民法典》第一千零三十二条规定：任何组织或者个人不得以刺探、侵扰、泄露、公开等方式侵害他人的隐私权。第一千零三十三条是进一步明确规定，任何组织或者个人不得实施侵犯隐私权的行为。②除权利人明确同意外，经过法律的明确授权，也可以对自然人的隐私权作一定限制。如医院根据《传染病防治法》等相关法律的规定，可以处理相关患者的医疗信息等，疫情期间的流调；又如公安机关根据《刑法》《刑事诉讼法》等相关法律的规定，可以对犯罪嫌疑人的行踪进行跟踪，也可以对犯罪嫌疑人的住宅进行搜查等。

14. 自然人的个人信息受法律保护。

个人信息是以电子或者其他方式记录的能够单独或者与其他信息结合识别特定自然人的各种信息，包括自然人的姓名、出生日期、身份证件号码、生物识别信息、住址、电话号码、电子邮箱、健康信息、行踪信息等。

个人信息中的私密信息，适用有关隐私权的规定；没有规定的，适用有关个人信息保护的规定。

解读：

本条是关于个人信息保护的规定。①个人信息的定义：以电子或者其他方式记录的能够单独或者与其他信息结合识别特定自然人的各种信息。②个人信息要满足三个要件：一是具有识别性，这是核心要件；二是要有一定的载体，这是形式要件；三是个人信息的主体只能是自然人，法人或者非法人组织不是个人信息的主体。

知识点三

《民法典》侵权责任编关于用工单位责任和劳务派遣单位、劳务用工单位责任，个人劳务关系中的侵权责任，安全保障义务人责任，损害赔偿的规定（了解）

1. 用人单位责任与损害赔偿规定

用人单位的工作人员因执行工作任务造成他人损害的，由用人单位承担侵权责任。用人单位承担侵权责任后，可以向有故意或者重大过失的工作人员追偿。

解读：

职务侵权行为，由侵权行为人所在单位承担民事责任。例如，乘客坐出租车，因司机超速驾驶导致车祸从而受伤，找到出租车公司，该公司应承担赔偿责任。

2. 劳务派遣单位、劳务用工单位责任与损害赔偿规定

劳务派遣期间，被派遣的工作人员因执行工作任务造成他人损害的，由接受劳务派遣的用工单位承担侵权责任；劳务派遣单位有过错的，承担相应的责任。

解读：

职务侵权行为，由侵权行为人所在单位承担民事责任。例如，A 公司将员工张某派遣到 B 公司去帮助维修机器，张某在工作中造成了来访客户的损失，这时应由 B 公司赔偿客户的损失。若 A 公司在派遣前未对张某进行技能培训，则 A 公司存在过错，此时应承担相应的补充责任。

3. 个人劳务关系中的侵权责任

个人之间形成劳务关系，提供劳务一方因劳务造成他人损害的，由接受劳务一方承担侵权责任。接受劳务一方承担侵权责任后，可以向有故意或者重大过失的提供劳务一方追偿。提供劳务一方因劳务受到损害的，根据双方各自的过错承担相应的责任。

提供劳务期间，因第三人的行为造成提供劳务一方损害的，提供劳务一方有权请求第三人承担侵权责任，也有权请求接受劳务一方给予补偿。接受劳务一方补偿后，可以向第三人追偿。

解读：

职务侵权行为，以雇主承担民事责任为原则，通过加重接受劳务一方的安全保障义务，督促其为提供劳务一方提供安全的劳动环境和劳动保护设施。

4. 安全保障义务人责任

宾馆、商场、银行、车站、机场、体育场馆、娱乐场所等经营场所、公共场所的经营者、管理者或者群众性活动的组织者，未尽到安全保障义务，造成他人损害的，应当承担侵权责任。因第三人的行为造成他人损害的，由第三人承担侵权责任；经营者、管理者或者组织者未尽到安全保障义务的，承担相应的补充责任。经营者、管理者或者组织者承担补充责任后，可以向第三人追偿。

解读：

经营者、管理者、组织者承担安全保障义务，有利于经营、管理分离情形下安全保障义务主体的认定，有利于保护消费者。

知识点四

《民法典》合同编关于买卖合同，委托合同，行纪合同的规定（熟悉）

（一）买卖合同

1. 买卖合同是出卖人转移标的物的所有权于买受人，买受人支付价款的合同。

解读：

本条是关于买卖合同概念的规定。

2. 买卖合同的内容一般包括标的物的名称、数量、质量、价款、履行期限、履行地点和方式、包装方式、检验标准和方法、结算方式、合同使用的文字及其效力等条款。

解读：

买卖合同内容的提示性规定。

3. 因出卖人未取得处分权致使标的物所有权不能转移的，买受人可以解除合同并请求出卖人承担违约责任。法律、行政法规禁止或者限制转让的标的物，依照其规定。

解读：

本条是关于无权处分的效力规定。

4. 出卖人应当履行向买受人交付标的物或者交付提取标的物的单证，并转移标的物所有权的义务。

解读：

本条是关于出卖人主给付义务的规定。

5. 出卖人应当按照约定或者交易习惯向买受人交付提取标的物单证以外的有关单证和资料。

解读：

本条是关于出卖人从给付义务的规定。

6. 出卖具有知识产权的标的物的，除法律另有规定或者当事人另有约定外，该标的物的知识产权不属于买受人。

解读：

本条是关于知识产权归属的规定。

7. 出卖人应当按照约定的时间交付标的物。约定交付期限的，出卖人可以在该交付期限内的任何时间交付。

解读：

本条是关于标的物交付期限的规定。

8. 当事人没有约定标的物的交付期限或者约定不明确的，适用《民法典》第五百一十条、第五百一十一条①第四项的规定。

解读：

本条是关于交付期限未约定或约定不明情况下交付期限确定规则。

9. 出卖人应当按照约定的地点交付标的物。

当事人没有约定交付地点或者约定不明确，依据《民法典》第五百一十条②的规定仍不能确定的，适用下列规定：

（1）标的物需要运输的，出卖人应当将标的物交付给第一承运人以运交给买受人；

（2）标的物不需要运输，出卖人和买受人订立合同时知道标的物在某一地点的，

---

① 《民法典》第五百一十一条：当事人就有关合同内容约定不明确，依据前条规定仍不能确定的，适用下列规定：（一）质量要求不明确的，按照强制性国家标准履行；没有强制性国家标准的，按照推荐性国家标准履行；没有推荐性国家标准的，按照行业标准履行；没有国家标准、行业标准的，按照通常标准或者符合合同目的的特定标准履行。（二）价款或者报酬不明确的，按照订立合同时履行地的市场价格履行；依法应当执行政府定价或者政府指导价的，依照规定履行。（三）履行地点不明确，给付货币的，在接受货币一方所在地履行；交付不动产的，在不动产所在地履行；其他标的，在履行义务一方所在地履行。（四）履行期限不明确的，债务人可以随时履行，债权人也可以随时请求履行，但是应当给对方必要的准备时间。（五）履行方式不明确的，按照有利于实现合同目的的方式履行。（六）履行费用的负担不明确的，由履行义务一方负担；因债权人原因增加的履行费用，由债权人负担。

② 《民法典》第五百一十条：合同生效后，当事人就质量、价款或者报酬、履行地点等内容没有约定或者约定不明确的，可以协议补充；不能达成补充协议的，按照合同相关条款或者交易习惯确定。

出卖人应当在该地点交付标的物；不知道标的物在某一地点的，应当在出卖人订立合同时的营业地交付标的物。

解读：
本条是关于标的物交付地点的规定。

10. 标的物毁损、灭失的风险，在标的物交付之前由出卖人承担，交付之后由买受人承担，但是法律另有规定或者当事人另有约定的除外。

解读：
本条是关于标的物风险负担的规定，即风险从何时起从出卖人转向买受人，我国以交付转移为原则。

11. 因买受人的原因致使标的物未按照约定的期限交付的，买受人应当自违反约定时起承担标的物毁损、灭失的风险。

解读：
本条是关于迟延交付标的物风险负担的规定。

12. 出卖人出卖交由承运人运输的在途标的物，除当事人另有约定外，毁损、灭失的风险自合同成立时起由买受人承担。

解读：
本条是关于路货（在途货物）买卖中标的物风险负担的规定。

13. 出卖人按照约定将标的物运送至买受人指定地点并交付给承运人后，标的物毁损、灭失的风险由买受人承担。

当事人没有约定交付地点或者约定不明确，依据《民法典》第六百零三条第二款第一项的规定标的物需要运输的，出卖人将标的物交付给第一承运人后，标的物毁损、灭失的风险由买受人承担。

解读：
本条是关于需要运输的标的物风险负担的规定。

14. 出卖人按照约定或者依据《民法典》第六百零三条第二款第二项的规定将标的物置于交付地点，买受人违反约定没有收取的，标的物毁损、灭失的风险自违反约定时起由买受人承担。

解读：
本条是关于买受人未及时受领标的物时风险负担原则的规定。

15. 出卖人按照约定未交付有关标的物的单证和资料的，不影响标的物毁损、灭失风险的转移。

解读：
未交付单证资料不影响风险转移。

16. 因标的物不符合质量要求，致使不能实现合同目的的，买受人可以拒绝接受标的物或者解除合同。买受人拒绝接受标的物或者解除合同的，标的物毁损、灭失的风险由出卖人承担。

解读：
本条是关于出卖人根本违约时风险负担的规定。

17. 标的物毁损、灭失的风险由买受人承担的，不影响因出卖人履行义务不符合约定，买受人请求其承担违约责任的权利。

解读：
本条是关于买受人承担风险和出卖人违约责任关系的规定。

18. 出卖人就交付的标的物，负有保证第三人对该标的物不享有任何权利的义务，但是法律另有规定的除外。

解读：
本条是关于出卖人瑕疵担保义务的规定。

19. 买受人订立合同时知道或者应当知道第三人对买卖的标的物享有权利的，出卖人不承担前条规定的义务。

解读：
本条是关于瑕疵担保义务免除的规定。

20. 买受人有确切证据证明第三人对标的物享有权利的，可以中止支付相应的价款，但是出卖人提供适当担保的除外。

解读：
本条是关于买受人的中止支付价款权的规定。

21. 出卖人应当按照约定的质量要求交付标的物。出卖人提供有关标的物质量说明的，交付的标的物应当符合该说明的质量要求。

解读：
本条是关于标的物质量要求的规定。

22. 当事人对标的物的质量要求没有约定或者约定不明确，依据《民法典》第五百一十条的规定仍不能确定的，适用民法典第五百一十一条第一项的规定。

解读：
本条是关于标的物法定质量担保义务的规定，大陆法系称之为瑕疵担保制定，英美法系称之为默示担保制度。

23. 出卖人交付的标的物不符合质量要求的，买受人可以依《民法典》第五百八十二条至第五百八十四条的规定请求承担违约责任。

解读：
本条是关于质量瑕疵担保责任的规定。

24. 当事人约定减轻或者免除出卖人对标的物瑕疵承担的责任，因出卖人故意或者重大过失不告知买受人标的物瑕疵的，出卖人无权主张减轻或者免除责任。

解读：
本条是关于瑕疵担保责任减免的特殊约定效力的规定。

25. 出卖人应当按照约定的包装方式交付标的物。对包装方式没有约定或者约定不明确，依据《民法典》第五百一十条的规定仍不能确定的，应当按照通用的方式包装；没有通用方式的，应当采取足以保护标的物且有利于节约资源、保护生态环境的包装方式。

解读：
本条是关于标的物包装方式的规定。

26. 买受人收到标的物时应当在约定的检验期限内检验。没有约定检验期限的，应当及时检验。

解读：
本条是关于买受人的检验义务的规定。

27. 当事人约定检验期限的，买受人应当在检验期限内将标的物的数量或者质量不符合约定的情形通知出卖人。买受人怠于通知的，视为标的物的数量或者质量符合约定。

当事人没有约定检验期限的，买受人应当在发现或者应当发现标的物的数量或者质量不符合约定的合理期限内通知出卖人。买受人在合理期限内未通知或者自收到标的物之日起二年内未通知出卖人的，视为标的物的数量或者质量符合约定；但是，对标的物有质量保证期的，适用质量保证期，不适用该二年的规定。

出卖人知道或者应当知道提供的标的物不符合约定的，买受人不受前两款规定的通知时间的限制。

解读：
本条是关于买受的通知义务的规定，规定了标的物存在瑕疵时的异议期限及法律后果。

28. 当事人约定的检验期限过短，根据标的物的性质和交易习惯，买受人在检验期限内难以完成全面检验的，该期限仅视为买受人对标的物的外观瑕疵提出异议的期限。

约定的检验期限或者质量保证期短于法律、行政法规规定期限的，应当以法律、行政法规规定的期限为准。

解读：
本条是关于检验期限过短时的处理规定。

29. 当事人对检验期限未作约定，买受人签收的送货单、确认单等载明标的物数量、型号、规格的，推定买受人已经对数量和外观瑕疵进行检验，但是有相关证据足以推翻的除外。

解读：
本条是关于检验期限未约定时处理的规定。如果当事人签收的送货单、确认单等单据上载明数量的，根据经验法则，应当认定买受人在签收时对数量进行了检验。鉴于标的物的数量、规格、型号等瑕疵，当事人尽到一般合理注意义务即可发现，故作此规定。

30. 出卖人依照买受人的指示向第三人交付标的物，出卖人和买受人约定的检验标准与买受人和第三人约定的检验标准不一致的，以出卖人和买受人约定的检验标准为准。

解读：
本条是关于向第三人履行情形下的检验标准的规定。

31. 依照法律、行政法规的规定或者按照当事人的约定，标的物在有效使用年限届满后应予回收的，出卖人负有自行或者委托第三人对标的物予以回收的义务。

解读：
本条是关于出卖人回收义务的规定。

32. 买受人应当按照约定的数额和支付方式支付价款。对价款的数额和支付方式没有约定或者约定不明确的，适用《民法典》第五百一十条、第五百一十一条第二项和第五项的规定。

解读：
本条是关于买受人支付价款义务的一般规定。

33. 买受人应当按照约定的地点支付价款。对支付地点没有约定或者约定不明确，依据民法典第五百一十条的规定仍不能确定的，买受人应当在出卖人的营业地支付；但是，约定支付价款以交付标的物或者交付提取标的物单证为条件的，在交付标的物或者交付提取标的物单证的所在地支付。

解读：
本条是关于买受人支付价款地点的规定。

34. 买受人应当按照约定的时间支付价款。对支付时间没有约定或者约定不明确，依据《民法典》第五百一十条的规定仍不能确定的，买受人应当在收到标的物或者提取标的物单证的同时支付。

解读：
本条是关于买受人支付价款时间的规定。

35. 出卖人多交标的物的，买受人可以接收或者拒绝接收多交的部分。买受人接收多交部分的，按照约定的价格支付价款；买受人拒绝接收多交部分的，应当及时通知出卖人。

解读：
本条是关于出卖人实际交付的标的物多于合同约定时的处理规则的规定。

36. 标的物在交付之前产生的孳息，归出卖人所有；交付之后产生的孳息，归买受人所有。但是，当事人另有约定的除外。

解读：
本条是关于买卖合同标的物孳息归属的规定。孳息是指由原物所生的物或收益，即民事主体通过合法的途径而取得的物质利益。

37. 因标的物的主物不符合约定而解除合同的，解除合同的效力及于从物。因标的物的从物不符合约定被解除的，解除的效力不及于主物。

解读：
本条是关于作为标的物的主物与从物在解除合同时的效力的规定。

38.标的物为数物,其中一物不符合约定的,买受人可以就该物解除。但是,该物与他物分离使标的物的价值显受损害的,买受人可以就数物解除合同。

解读:

本条是关于标的物为数物时,就其中一物不符合约定而解除合同的规定。

39.出卖人分批交付标的物的,出卖人对其中一批标的物不交付或者交付不符合约定,致使该批标的物不能实现合同目的的,买受人可以就该批标的物解除。

出卖人不交付其中一批标的物或者交付不符合约定,致使之后其他各批标的物的交付不能实现合同目的的,买受人可以就该批以及之后其他各批标的物解除。

买受人如果就其中一批标的物解除,该批标的物与其他各批标的物相互依存的,可以就已经交付和未交付的各批标的物解除。

解读:

本条是关于分批交付标的物的情况下解除合同的规定。

40.分期付款的买受人未支付到期价款的数额达到全部价款的五分之一,经催告后在合理期限内仍未支付到期价款的,出卖人可以请求买受人支付全部价款或者解除合同。

出卖人解除合同的,可以向买受人请求支付该标的物的使用费。

解读:

本条是关于分期付款买卖的规定。

41.凭样品买卖的当事人应当封存样品,并可以对样品质量予以说明。出卖人交付的标的物应当与样品及其说明的质量相同。

解读:

本条是关于凭样品买卖当事人基本权利义务的规定。

42.凭样品买卖的买受人不知道样品有隐蔽瑕疵的,即使交付的标的物与样品相同,出卖人交付的标的物的质量仍然应当符合同种物的通常标准。

解读:

本条是关于凭样品买卖特殊责任的规定。

43. 试用买卖的当事人可以约定标的物的试用期限。对试用期限没有约定或者约定不明确，依据《民法典》第五百一十条的规定仍不能确定的，由出卖人确定。

解读：

本条是关于试用买卖中试用期限的规定。

44. 试用买卖的买受人在试用期内可以购买标的物，也可以拒绝购买。试用期限届满，买受人对是否购买标的物未作表示的，视为购买。

试用买卖的买受人在试用期内已经支付部分价款或者对标的物实施出卖、出租、设立担保物权等行为的，视为同意购买。

解读：

本条是关于试用买卖买受人对标的物认可与视为认可的规定。

45. 试用买卖的当事人对标的物使用费没有约定或者约定不明确的，出卖人无权请求买受人支付。

解读：

本条是关于于试用期标的物使用费的规定。

46. 标的物在试用期内毁损、灭失的风险由出卖人承担。

解读：

本条是关于试用期标的物风险负担的规定。

47. 当事人可以在买卖合同中约定买受人未履行支付价款或者其他义务的，标的物的所有权属于出卖人。

出卖人对标的物保留的所有权，未经登记，不得对抗善意第三人。

解读：

本条是关于所有权保留制度的原则性规定。

48. 当事人约定出卖人保留合同标的物的所有权，在标的物所有权转移前，买受人有下列情形之一，造成出卖人损害的，除当事人另有约定外，出卖人有权取回标的物：

（1）未按照约定支付价款，经催告后在合理期限内仍未支付；

（2）未按照约定完成特定条件；

（3）将标的物出卖、出质或者作出其他不当处分。

出卖人可以与买受人协商取回标的物；协商不成的，可以参照适用担保物权的实现程序。

解读：

本条是关于于所有权保留中出卖人取回权的规定。

49. 出卖人依据前条第一款的规定取回标的物后，买受人在双方约定或者出卖人指定的合理回赎期限内，消除出卖人取回标的物的事由的，可以请求回赎标的物。

买受人在回赎期限内没有回赎标的物，出卖人可以以合理价格将标的物出卖给第三人，出卖所得价款扣除买受人未支付的价款以及必要费用后仍有剩余的，应当返还买受人；不足部分由买受人清偿。

解读：

本条是关于所有权保留中买受人回赎权、出卖人再出卖权以及相关清算的规定。

50. 招标投标买卖的当事人的权利和义务以及招标投标程序等，依照有关法律、行政法规的规定。

解读：

本条是关于确定招标投标买卖当事人的权利义务以及招标投标程序等法律依据的规定。

51. 拍卖的当事人的权利和义务以及拍卖程序等，依照有关法律、行政法规的规定。

解读：

本条是关于确定拍卖当事人的权利义务以及拍卖程序有关法律依据的规定。

52. 法律对其他有偿合同有规定的，依照其规定；没有规定的，参照适用买卖合同的有关规定。

解读：
本条是关于有偿合同法律适用的规定。双方当事人因给付而取得对待给付的，是有偿合同；当事人一方只为给付而未取得对待给付的，是无偿合同。买卖合同、互易合同、租赁合同、雇佣合同、承揽合同、行纪合同等都是有偿合同；赠与合同、使用借贷合同都是无偿合同；消费借贷合同、委托合同、保管合同、保证合同不一定，若当事人约定了报酬，则为有偿合同。其他有偿合同没有规定而买卖合同有规定的，可援引买卖合同的规定。此为兜底条款。

53. 当事人约定易货交易，转移标的物的所有权的，参照适用买卖合同的有关规定。

解读：
本条是关于互易合同法律适用规则的规定。

（二）委托合同

1. 委托合同是委托人和受托人约定，由受托人处理委托人事务的合同。

解读：
本条是关于委托合同概念的规定。

2. 委托人可以特别委托受托人处理一项或者数项事务，也可以概括委托受托人处理一切事务。

解读：
本条是关于委托权限的规定。委托一项或数项事务，是特别委托；将一切事务予以委托，是概括委托。

3. 委托人应当预付处理委托事务的费用。受托人为处理委托事务垫付的必要费用，委托人应当偿还该费用并支付利息。

解读：
本条是关于委托费用预付和垫付的规定。

4.受托人应当按照委托人的指示处理委托事务。需要变更委托人指示的,应当经委托人同意;因情况紧急,难以和委托人取得联系的,受托人应当妥善处理委托事务,但是事后应当将该情况及时报告委托人。

解读:
本条是关于受托人按委托人指示处理委托事务及变更指示的规定。

5.受托人应当亲自处理委托事务。经委托人同意,受托人可以转委托。转委托经同意或者追认的,委托人可以就委托事务直接指示转委托的第三人,受托人仅就第三人的选任及其对第三人的指示承担责任。转委托未经同意或者追认的,受托人应当对转委托的第三人的行为承担责任;但是,在紧急情况下受托人为了维护委托人的利益需要转委托第三人的除外。

解读:
本条是关于受托人亲自处理受托事务及转委托的规定。

6.受托人应当按照委托人的要求,报告委托事务的处理情况。委托合同终止时,受托人应当报告委托事务的结果。

解读:
本条是关于受托人的报告义务的规定。

7.受托人以自己的名义,在委托人的授权范围内与第三人订立的合同,第三人在订立合同时知道受托人与委托人之间的代理关系的,该合同直接约束委托人和第三人;但是,有确切证据证明该合同只约束受托人和第三人的除外。

解读:
本条是关于隐名代理的规定。根据合同相对性原理,受托人以自己名义与第三人签订的合同,一般对委托人没有约束力,此条是合同相对性的例外。

8.受托人以自己的名义与第三人订立合同时,第三人不知道受托人与委托人之间的代理关系的,受托人因第三人的原因对委托人不履行义务,受托人应当向委托人披露第三人,委托人因此可以行使受托人对第三人的权利。但是,第三人与受托人订立合同时如果知道该委托人就不会订立合同的除外。

受托人因委托人的原因对第三人不履行义务，受托人应当向第三人披露委托人，第三人因此可以选择受托人或者委托人作为相对人主张其权利，但是第三人不得变更选定的相对人。

委托人行使受托人对第三人的权利的，第三人可以向委托人主张其对受托人的抗辩。第三人选定委托人作为其相对人的，委托人可以向第三人主张其对受托人的抗辩以及受托人对第三人的抗辩。

解读：
本条是关于委托人对第三人的权利和第三人选择权的规定，涉及间接代理。

9. 受托人处理委托事务取得的财产，应当转交给委托人。

解读：
本条是关于受托人转移利益的规定。

10. 受托人完成委托事务的，委托人应当按照约定向其支付报酬。

因不可归责于受托人的事由，委托合同解除或者委托事务不能完成的，委托人应当向受托人支付相应的报酬。当事人另有约定的，按照其约定。

解读：
本条是关于委托人支付报酬的规定。委托合同是否有偿，首先看约定，无约定看交易习惯，无约定也无交易习惯，则为无偿合同。

11. 有偿的委托合同，因受托人的过错造成委托人损失的，委托人可以请求赔偿损失。无偿的委托合同，因受托人的故意或者重大过失造成委托人损失的，委托人可以请求赔偿损失。

受托人超越权限造成委托人损失的，应当赔偿损失。

解读：
本条是关于受托人因过错导致委托人损失的赔偿责任规定。

12. 受托人处理委托事务时，因不可归责于自己的事由受到损失的，可以向委托人请求赔偿损失。

解读：

本条是关于委托人对受托人损失承担责任的规定。

13.委托人经受托人同意，可以在受托人之外委托第三人处理委托事务。因此造成受托人损失的，受托人可以向委托人请求赔偿损失。

解读：

本条是关于另行委托的规定。

14.两个以上的受托人共同处理委托事务的，对委托人承担连带责任。

解读：

本条是关于共同委托的规定。

15.委托人或者受托人可以随时解除委托合同。因解除合同造成对方损失的，除不可归责于该当事人的事由外，无偿委托合同的解除方应当赔偿因解除时间不当造成的直接损失，有偿委托合同的解除方应当赔偿对方的直接损失和合同履行后可以获得的利益。

解读：

本条是关于委托合同任意解除权及解除后的损失赔偿的规定。

16.委托人死亡、终止或者受托人死亡、丧失民事行为能力、终止的，委托合同终止；但是，当事人另有约定或者根据委托事务的性质不宜终止的除外。

解读：

本条是关于委托合同因法定事由终止的规定。

17.因委托人死亡或者被宣告破产、解散，致使委托合同终止将损害委托人利益的，在委托人的继承人、遗产管理人或者清算人承受委托事务之前，受托人应当继续处理委托事务。

解读：

本条是关于受托人应继续处理委托事务的义务的规定。

18.因受托人死亡、丧失民事行为能力或者被宣告破产、解散,致使委托合同终止的,受托人的继承人、遗产管理人、法定代理人或者清算人应当及时通知委托人。因委托合同终止将损害委托人利益的,在委托人作出善后处理之前,受托人的继承人、遗产管理人、法定代理人或者清算人应当采取必要措施。

解读:

本条是关于受托人继承人、遗产管理人、法定代理人或者清算人应履行的义务的规定。

(三)行纪合同

1.行纪合同是行纪人以自己的名义为委托人从事贸易活动,委托人支付报酬的合同。

解读:

本条是关于行纪合同概念的规定,行纪合同可理解为寄卖合同。行纪人往往是特定领域中从事专门性行纪活动的人,了解行情、熟悉业务和供求关系,对商业服务流通有重要促进作用。

2.行纪人处理委托事务支出的费用,由行纪人负担,但是当事人另有约定的除外。

解读:

本条是关于行纪人承担费用的规定,与委托人预付委托费用明显不同。

3.行纪人占有委托物的,应当妥善保管委托物。

解读:

本条是关于行纪人保管委托物义务的规定。

4.委托物交付给行纪人时有瑕疵或者容易腐烂、变质的,经委托人同意,行纪人可以处分该物;不能与委托人及时取得联系的,行纪人可以合理处分。

解读:

本条是关于行纪人处分委托物的规定。

5.行纪人低于委托人指定的价格卖出或者高于委托人指定的价格买入的,应当经委托人同意;未经委托人同意,行纪人补偿其差额的,该买卖对委托人发生效力。

行纪人高于委托人指定的价格卖出或者低于委托人指定的价格买入的,可以按照约定增加报酬;没有约定或者约定不明确,依据《民法典》第五百一十条的规定仍不能确定的,该利益属于委托人。

委托人对价格有特别指示的,行纪人不得违背该指示卖出或者买入。

解读:

本条是关于行纪人应当按委托指定价格买卖的规定。行纪人以不利于委托人的价格进行交易的,需要经过委托人的同意。

6.行纪人卖出或者买入具有市场定价的商品,除委托人有相反的意思表示外,行纪人自己可以作为买受人或者出卖人。

行纪人有前款规定情形的,仍然可以请求委托人支付报酬。

解读:

本条是关于行纪人介入权的规定。行纪人行使介入权,实际上就是行纪人自己作为买受人或出卖人与委托人直接订立买卖合同,买卖合同双方是委托人和行纪人。

7.行纪人按照约定买入委托物,委托人应当及时受领。经行纪人催告,委托人无正当理由拒绝受领的,行纪人依法可以提存委托物。

委托物不能卖出或者委托人撤回出卖,经行纪人催告,委托人不取回或者不处分该物的,行纪人依法可以提存委托物。

解读:

本条是关于委托人受领、取回义务和行纪人提存的规定。

8.行纪人与第三人订立合同的,行纪人对该合同直接享有权利、承担义务。

第三人不履行义务致使委托人受到损害的,行纪人应当承担赔偿责任,但是行纪人与委托人另有约定的除外。

解读:

本条是关于行纪人直接履行义务的规定。

9.行纪人完成或者部分完成委托事务的,委托人应当向其支付相应的报酬。委托人逾期不支付报酬的,行纪人对委托物享有留置权,但是当事人另有约定的除外。

解读:

本条是关于行纪人的报酬请求权及留置权。

10.本章没有规定的,参照适用委托合同的有关规定。

解读:

本条是关于参照适用委托合同的规定。

> 知识点五

《民法典》合同编关于合同的订立,合同的效力,违约责任的规定(掌握)

1.合同的订立

(1)当事人订立合同,可以采用书面形式、口头形式或者其他形式。书面形式是合同书、信件、电报、电传、传真等可以有形地表现所载内容的形式。以电子数据交换、电子邮件等方式能够有形地表现所载内容,并可以随时调取查用的数据电文,视为书面形式。

解读:

本条是关于合同形式的规定。

(2)合同的内容由当事人约定,一般包括下列条款:①当事人的姓名或者名称和住所;②标的;③数量;④质量;⑤价款或者报酬;⑥履行期限、地点和方式;⑦违约责任;⑧解决争议的方法。当事人可以参照各类合同的示范文本订立合同。

解读:

本条是关于合同条款的规定。

(3)当事人订立合同,可以采取要约、承诺方式或者其他方式。

解读:

本条是关于合同订立方式的规定。

（4）要约是希望与他人订立合同的意思表示，该意思表示应当符合下列条件：①内容具体确定；②表明经受要约人承诺，要约人即受该意思表示约束。

要约邀请是希望他人向自己发出要约的表示。拍卖公告、招标公告、招股说明书、债券募集办法、基金招募说明书、商业广告和宣传、寄送的价目表等为要约邀请。商业广告和宣传的内容符合要约条件的，构成要约。要约生效的时间适用《民法典》第一百三十七条的规定。要约的撤回适用《民法典》第一百四十一条的规定。

要约可以撤销，但是有下列情形之一的除外：①要约人以确定承诺期限或者其他形式明示要约不可撤销；②受要约人有理由认为要约是不可撤销的，并已经为履行合同做了合理准备工作。撤销要约的意思表示以对话方式作出的，该意思表示的内容应当在受要约人作出承诺之前为受要约人所知道；撤销要约的意思表示以非对话方式作出的，应当在受要约人作出承诺之前到达受要约人。

有下列情形之一的，要约失效：①要约被拒绝；②要约被依法撤销；③承诺期限届满，受要约人未作出承诺；④受要约人对要约的内容作出实质性变更。

解读：
本条是关于要约、要约邀请、要约撤销、要约失效的规定。

（5）承诺是受要约人同意要约的意思表示。承诺应当以通知的方式作出；但是，根据交易习惯或者要约表明可以通过行为作出承诺的除外。

承诺应当在要约确定的期限内到达要约人。要约没有确定承诺期限的，承诺应当依照下列规定到达：①要约以对话方式作出的，应当即时作出承诺；②要约以非对话方式作出的，承诺应当在合理期限内到达。

要约以信件或者电报作出的，承诺期限自信件载明的日期或者电报交发之日开始计算。信件未载明日期的，自投寄该信件的邮戳日期开始计算。要约以电话、传真、电子邮件等快速通信方式作出的，承诺期限自要约到达受要约人时开始计算。

承诺生效时合同成立，但是法律另有规定或者当事人另有约定的除外。

以通知方式作出的承诺，生效的时间适用《民法典》第一百三十七条的规定。

承诺不需要通知的，根据交易习惯或者要约的要求作出承诺的行为时生效。

承诺可以撤回。承诺的撤回适用《民法典》第一百四十一条的规定。

受要约人超过承诺期限发出承诺，或者在承诺期限内发出承诺，按照通常情形不能及时到达要约人的，为新要约；但是，要约人及时通知受要约人该承诺有效的除外。

受要约人在承诺期限内发出承诺，按照通常情形能够及时到达要约人，但是因其他原因致使承诺到达要约人时超过承诺期限的，除要约人及时通知受要约人因承诺超过期限不接受该承诺外，该承诺有效。

承诺的内容应当与要约的内容一致。受要约人对要约的内容作出实质性变更的，为新要约。有关合同标的、数量、质量、价款或者报酬、履行期限、履行地点和方式、违约责任和解决争议方法等的变更，是对要约内容的实质性变更。

承诺对要约的内容作出非实质性变更的，除要约人及时表示反对或者要约表明承诺不得对要约的内容作出任何变更外，该承诺有效，合同的内容以承诺的内容为准。

当事人采用合同书形式订立合同的，自当事人均签名、盖章或者按指印时合同成立。在签名、盖章或者按指印之前，当事人一方已经履行主要义务，对方接受时，该合同成立。

法律、行政法规规定或者当事人约定合同应当采用书面形式订立，当事人未采用书面形式但是一方已经履行主要义务，对方接受时，该合同成立。

当事人采用信件、数据电文等形式订立合同要求签订确认书的，签订确认书时合同成立。

当事人一方通过互联网等信息网络发布的商品或者服务信息符合要约条件的，对方选择该商品或者服务并提交订单成功时合同成立，但是当事人另有约定的除外。

解读：
本条是关于承诺及合同成立时间的规定。

（6）承诺生效的地点为合同成立的地点。采用数据电文形式订立合同的，收件人的主营业地为合同成立的地点；没有主营业地的，其住所地为合同成立的地点。当事人另有约定的，按照其约定。当事人采用合同书形式订立合同的，最后签名、盖章或者按指印的地点为合同成立的地点，但是当事人另有约定的除外。

解读：
本条是关于合同成立地点的规定。

（7）当事人约定在将来一定期限内订立合同的认购书、订购书、预订书等，构成预约合同。

当事人一方不履行预约合同约定的订立合同义务的，对方可以请求其承担预约合同的违约责任。

解读：

本条是关于预约合同的规定。

（8）格式条款是当事人为了重复使用而预先拟定，并在订立合同时未与对方协商的条款。采用格式条款订立合同的，提供格式条款的一方应当遵循公平原则确定当事人之间的权利和义务，并采取合理的方式提示对方注意免除或者减轻其责任等与对方有重大利害关系的条款，按照对方的要求，对该条款予以说明。提供格式条款的一方未履行提示或者说明义务，致使对方没有注意或者理解与其有重大利害关系的条款的，对方可以主张该条款不成为合同的内容。

有下列情形之一的，该格式条款无效：①具有《民法典》第一编第六章第三节和《民法典》第五百零六条规定的无效情形；②提供格式条款一方不合理地免除或者减轻其责任、加重对方责任、限制对方主要权利；③提供格式条款一方排除对方主要权利。

对格式条款的理解发生争议的，应当按照通常理解予以解释。对格式条款有两种以上解释的，应当作出不利于提供格式条款一方的解释。格式条款和非格式条款不一致的，应当采用非格式条款。

解读：

本条是关于格式条款的有关规定。

（9）悬赏人以公开方式声明对完成特定行为的人支付报酬的，完成该行为的人可以请求其支付。

解读：

本条是关于悬赏广告的规定。

（10）当事人在订立合同过程中有下列情形之一，造成对方损失的，应当承担赔偿责任：①假借订立合同，恶意进行磋商；②故意隐瞒与订立合同有关的重要事实或者提供虚假情况；③有其他违背诚信原则的行为。

解读：
本条是关于当事人违反先合同义务应承担的缔约过失责任的规定。

（11）当事人在订立合同过程中知悉的商业秘密或者其他应当保密的信息，无论合同是否成立，不得泄露或者不正当地使用；泄露、不正当地使用该商业秘密或者信息，造成对方损失的，应当承担赔偿责任。

解读：
本条是关于保密义务的缔约过失责任的规定。

2. 合同的效力

（1）依法成立的合同，自成立时生效，但是法律另有规定或者当事人另有约定的除外。依照法律、行政法规的规定，合同应当办理批准等手续的，依照其规定。未办理批准等手续影响合同生效的，不影响合同中履行报批等义务条款以及相关条款的效力。应当办理申请批准等手续的当事人未履行义务的，对方可以请求其承担违反该义务的责任。依照法律、行政法规的规定，合同的变更、转让、解除等情形应当办理批准等手续的，适用前款规定。

解读：
本条是关于合同生效时间和特殊生效要件的规定。

（2）无权代理人以被代理人的名义订立合同，被代理人已经开始履行合同义务或者接受相对人履行的，视为对合同的追认。

解读：
本条是关于狭义无权代理中被代理人以事实行为行使追认权的规定。

（3）法人的法定代表人或者非法人组织的负责人超越权限订立的合同，除相对人知道或者应当知道其超越权限外，该代表行为有效，订立的合同对法人或者非法人组织发生效力。

解读：
本条是关于法定代表人、负责人超越权限订立的合同效力归属的规定。

（4）当事人超越经营范围订立的合同的效力，应当依照《民法典》第一编第六章第三节和合同编的有关规定确定，不得仅以超越经营范围确认合同无效。

解读：
本条是关于当事人超越经营范围订立合同效力的规定。

（5）合同中的下列免责条款无效：①造成对方人身损害的；②因故意或者重大过失造成对方财产损失的。

解读：
本条是关于合同中免责条款无效的规定。

（6）合同不生效、无效、被撤销或者终止的，不影响合同中有关解决争议方法的条款的效力。

解读：
本条是关于争议解决条款的效力独立性的规定。

3.违约责任

（1）当事人一方不履行合同义务或者履行合同义务不符合约定的，应当承担继续履行、采取补救措施或者赔偿损失等违约责任。

解读：
本条是关于违约责任的规定。

（2）当事人一方明确表示或者以自己的行为表明不履行合同义务的，对方可以在履行期限届满前请求其承担违约责任。

解读：
本条是关于预期违约责任的规定。

（3）当事人一方未支付价款、报酬、租金、利息，或者不履行其他金钱债务的，对方可以请求其支付。

解读：
本条是关于金钱债务实际履行责任的规定。

（4）当事人一方不履行非金钱债务或者履行非金钱债务不符合约定的，对方可以请求履行，但是有下列情形之一的除外：①法律上或者事实上不能履行；②债务的标的不适于强制履行或者履行费用过高；③债权人在合理期限内未请求履行。

有前款规定的除外情形之一，致使不能实现合同目的的，人民法院或者仲裁机构可以根据当事人的请求终止合同权利义务关系，但是不影响违约责任的承担。

解读：
本条是关于非金钱债务实际履行责任及违约责任的规定。

（5）当事人一方不履行债务或者履行债务不符合约定，根据债务的性质不得强制履行的，对方可以请求其负担由第三人替代履行的费用。

解读：
本条是关于替代履行的规定。

（6）履行不符合约定的，应当按照当事人的约定承担违约责任。对违约责任没有约定或者约定不明确，依据《民法典》第五百一十条的规定仍不能确定的，受损害方根据标的的性质以及损失的大小，可以合理选择请求对方承担修理、重作、更换、退货、减少价款或者报酬等违约责任。

解读：
本条是关瑕疵履行违约责任的规定。

（7）当事人一方不履行合同义务或者履行合同义务不符合约定的，在履行义务或者采取补救措施后，对方还有其他损失的，应当赔偿损失。

解读：
本条是关于违约损害赔偿责任的规定。

（8）当事人一方不履行合同义务或者履行合同义务不符合约定，造成对方损失的，损失赔偿额应当相当于因违约所造成的损失，包括合同履行后可以获得的利益；但是，不得超过违约一方订立合同时预见到或者应当预见到的因违约可能造成的损失。

解读：
本条是关于损害赔偿范围的规定。

（9）当事人可以约定一方违约时应当根据违约情况向对方支付一定数额的违约金，也可以约定因违约产生的损失赔偿额的计算方法。

约定的违约金低于造成的损失的，人民法院或者仲裁机构可以根据当事人的请求予以增加；约定的违约金过分高于造成的损失的，人民法院或者仲裁机构可以根据当事人的请求予以适当减少。

当事人就迟延履行约定违约金的，违约方支付违约金后，还应当履行债务。

解读：
本条是关于违约金的规定。

（10）当事人可以约定一方向对方给付定金作为债权的担保。定金合同自实际交付定金时成立。

定金的数额由当事人约定；但是，不得超过主合同标的额的百分之二十，超过部分不产生定金的效力。实际交付的定金数额多于或者少于约定数额的，视为变更约定的定金数额。

解读：
本条是关于定金担保的规定。

（11）债务人履行债务的，定金应当抵作价款或者收回。给付定金的一方不履行债务或者履行债务不符合约定，致使不能实现合同目的的，无权请求返还定金；收受定金的一方不履行债务或者履行债务不符合约定，致使不能实现合同目的的，应当双倍返还定金。

解读：
本条是关于定金罚则的规定。

（12）当事人既约定违约金，又约定定金的，一方违约时，对方可以选择适用违约金或者定金条款。定金不足以弥补一方违约造成的损失的，对方可以请求赔偿超过定金数额的损失。

解读：
本条是关于违约金与定金竞合时的责任的规定。

（13）债务人按照约定履行债务，债权人无正当理由拒绝受领的，债务人可以请求债权人赔偿增加的费用。在债权人受领迟延期间，债务人无须支付利息。

解读：
本条是关于拒绝受领和受领迟延的规定。

（14）当事人一方因不可抗力不能履行合同的，根据不可抗力的影响，部分或者全部免除责任，但是法律另有规定的除外。因不可抗力不能履行合同的，应当及时通知对方，以减轻可能给对方造成的损失，并应当在合理期限内提供证明。当事人迟延履行后发生不可抗力的，不免除其违约责任。

解读：
本条是关于不可抗力的规定。

（15）当事人一方违约后，对方应当采取适当措施防止损失的扩大；没有采取适当措施致使损失扩大的，不得就扩大的损失请求赔偿。当事人因防止损失扩大而支出的合理费用，由违约方负担。

解读：
本条是关于减损规则的规定。

（16）当事人都违反合同的，应当各自承担相应的责任。当事人一方违约造成对方损失，对方对损失的发生有过错的，可以减少相应的损失赔偿额。

解读：
本条是关于双方违约和有过失的规定。

（17）当事人一方因第三人的原因造成违约的，应当依法向对方承担违约责任。当事人一方和第三人之间的纠纷，依照法律规定或者按照约定处理。

解读：

本条是关于第三人原因造成违约时违约责任承担的规定。

第六章
税收法律制度

1. 考试大纲

掌握《税收征收管理法》关于纳税人、扣缴义务人缴纳或者解缴税款义务的规定;《个人所得税法》关于个人纳税义务的规定;《企业所得税法》关于企业纳税义务的规定。

2. 大纲解读

序号	主要内容	考纲要求
1	《税收征收管理法》关于纳税人、扣缴义务人缴纳或者解缴税款义务的规定	掌握
2	《个人所得税法》关于个人纳税义务的规定	掌握
3	《企业所得税法》关于企业纳税义务的规定	掌握

3. 思维导图

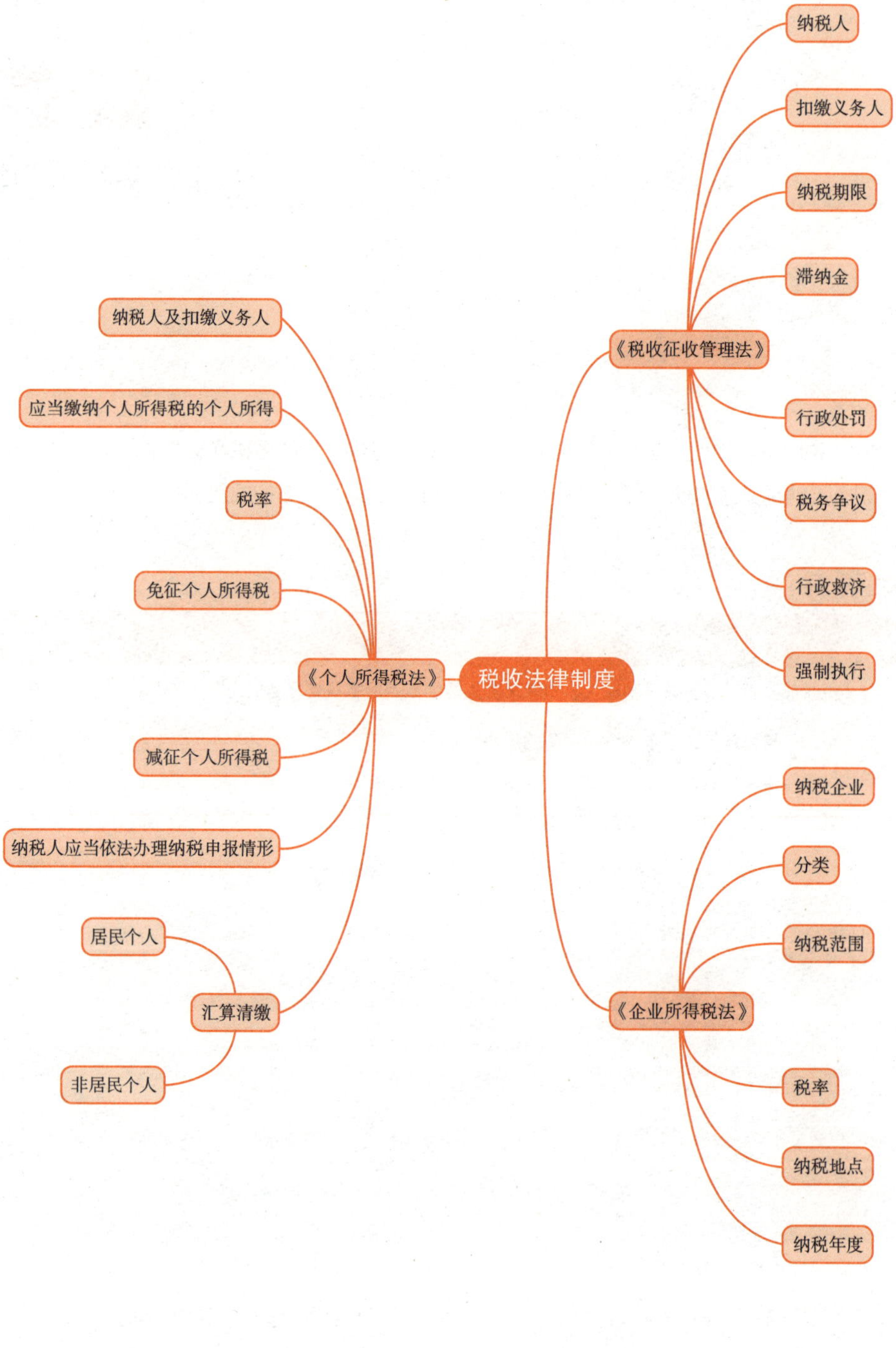

- 税收法律制度
  - 《个人所得税法》
    - 纳税人及扣缴义务人
    - 应当缴纳个人所得税的个人所得
    - 税率
    - 免征个人所得税
    - 减征个人所得税
    - 纳税人应当依法办理纳税申报情形
    - 汇算清缴
      - 居民个人
      - 非居民个人
  - 《税收征收管理法》
    - 纳税人
    - 扣缴义务人
    - 纳税期限
    - 滞纳金
    - 行政处罚
    - 税务争议
    - 行政救济
    - 强制执行
  - 《企业所得税法》
    - 纳税企业
    - 分类
    - 纳税范围
    - 税率
    - 纳税地点
    - 纳税年度

知识点精讲

知识点一

《税收征收管理法》关于纳税人、扣缴义务人缴纳或者解缴税款义务的规定（掌握）

1. 法律、行政法规规定负有纳税义务的单位和个人为纳税人。

法律、行政法规规定负有代扣代缴、代收代缴税款义务的单位和个人为扣缴义务人。

纳税人、扣缴义务人必须依照法律、行政法规的规定缴纳税款、代扣代缴、代收代缴税款。

解读：

本条是关于纳税人和扣缴义务人含义的规定。

（1）纳税人是指负有纳税义务的单位和个人。

（2）扣缴义务人是指负有代扣代缴、代收代缴税款义务的单位和个人。

2. 纳税人必须依照法律、行政法规规定或者税务机关依照法律、行政法规的规定确定的申报期限、申报内容如实办理纳税申报，报送纳税申报表、财务会计报表以及税务机关根据实际需要要求纳税人报送的其他纳税资料。

扣缴义务人必须依照法律、行政法规规定或者税务机关依照法律、行政法规的规定确定的申报期限、申报内容如实报送代扣代缴、代收代缴税款报告表以及税务机关根据实际需要要求扣缴义务人报送的其他有关资料。

解读：

本条是关于纳税人和扣缴义务人纳税申报资料的规定。

（1）纳税人和扣缴义务人应当如实进行纳税申报。

（2）申报的材料，包括纳税申报表、财务会计报表以及税务机关根据实际需要要求纳税人报送的其他纳税资料。

3. 纳税人、扣缴义务人按照法律、行政法规规定或者税务机关依照法律、行政法规的规定确定的期限，缴纳或者解缴税款。

纳税人因有特殊困难，不能按期缴纳税款的，经省、自治区、直辖市国家税务局、地方税务局批准，可以延期缴纳税款，但是最长不得超过三个月。

解读：

本条是关于纳税人和扣缴义务人期限内缴纳税款的规定。

（1）纳税人、扣缴义务人要按期缴纳税款，延长缴纳的需要省、自治区、直辖市国家税务局、地方税务局批准（层级比较高）。

（2）最长的延长期限是三个月。

4. 纳税人未按照规定期限缴纳税款的，扣缴义务人未按照规定期限解缴税款的，税务机关除责令限期缴纳外，从滞纳税款之日起，按日加收滞纳税款万分之五的滞纳金。

解读：

本条是关于纳税人和扣缴义务人逾期纳税的法律后果的规定。

（1）纳税人、扣缴义务人逾期缴纳税款的，加收滞纳金。

（2）滞纳金的标准是日万分之五。

5. 纳税人、扣缴义务人在规定期限内不缴或者少缴应纳或者应解缴的税款，经税务机关责令限期缴纳，逾期仍未缴纳的，税务机关除依照《税收征收管理法》第四十条的规定采取强制执行措施追缴其不缴或者少缴的税款外，可以处不缴或者少缴的税款百分之五十以上五倍以下的罚款。

解读：

本条是关于纳税人和扣缴义务人未按规定缴纳税款的法律责任。

（1）纳税人、扣缴义务人逾期缴纳的，税务机关可以申请强制执行。

（2）纳税人、扣缴义务人不缴纳或少缴纳的，可以处税款百分之五十以上五倍以下的罚款。

6. 纳税人、扣缴义务人、纳税担保人同税务机关在纳税上发生争议时，必须先依照税务机关的纳税决定缴纳或者解缴税款及滞纳金或者提供相应的担保，然后可以依法申请行政复议；对行政复议决定不服的，可以依法向人民法院起诉。

当事人对税务机关的处罚决定、强制执行措施或者税收保全措施不服的，可以依法申请行政复议，也可以依法向人民法院起诉。

当事人对税务机关的处罚决定逾期不申请行政复议也不向人民法院起诉、又不履行的，作出处罚决定的税务机关可以采取《税收征收管理法》第四十条规定的强制执行措施，或者申请人民法院强制执行。

解读：

本条是关于税款缴纳具有优先性的规定。

（1）纳税人、扣缴义务人、纳税担保人同税务机关有税务争议时，也必须按照规定先缴纳税款或提供担保。

（2）税务争议可以通过行政复议或诉讼解决。

（3）税务机关对不履行税款缴纳的，可以申请强制执行。

知识点二

《个人所得税法》关于个人纳税义务的规定（掌握）

1.在中国境内有住所，或者无住所而一个纳税年度内在中国境内居住累计满一百八十三天的个人，为居民个人。居民个人从中国境内和境外取得的所得，依照本法规定缴纳个人所得税。

在中国境内无住所又不居住，或者无住所而一个纳税年度内在中国境内居住累计不满一百八十三天的个人，为非居民个人。非居民个人从中国境内取得的所得，依照本法规定缴纳个人所得税。

纳税年度，自公历1月1日起至12月31日止。

解读：

本条是关于纳税居民的规定和判定居民和非居民的标准。

（1）居民纳税人和非居民纳税人的判定标准之一由"一年"改为"一百八十三天"。

（2）首次明确了"纳税年度"这个概念。

（3）为居民个人的，中国境内和境外取得的所得，都需要缴纳个人所得税；非居民个人的就中国境内所得缴税。

2. 下列各项个人所得，应当缴纳个人所得税：

（1）工资、薪金所得；

（2）劳务报酬所得；

（3）稿酬所得；

（4）特许权使用费所得；

（5）经营所得；

（6）利息、股息、红利所得；

（7）财产租赁所得；

（8）财产转让所得；

（9）偶然所得。

居民个人取得前款第一项至第四项所得（以下称综合所得），按纳税年度合并计算个人所得税；非居民个人取得前款第一项至第四项所得，按月或者按次分项计算个人所得税。纳税人取得前款第五项至第九项所得，依照《个人所得税法》规定分别计算个人所得税。

解读：

本条是关于个人所得的规定。

（1）个人所得有九种，具体详细范围可以见《个人所得税法实施条例》的规定。

居民的综合所得，是按纳税年度合并计算个人所得税；非居民的综合所得，是按月或者按次分项计算个人所得税。

（2）非综合所得，居民和非居民都依照《个人所得税法》规定分别计算个人所得税。

（3）本条采用列举式的方法表明哪些是综合所得，哪些是非综合所得。

3. 个人所得税的税率：

（1）综合所得，适用3%~45%的超额累进税率（表6-1、表6-2）；

（2）经营所得，适用5%~35%的超额累进税率（表6-3）；

（3）利息、股息、红利所得，财产租赁所得，财产转让所得和偶然所得，适用比例税率，税率为20%。

解读：

本条是关于所得税率的规定。

（1）综合所得：

表 6-1　居民综合所得税率表

级数	全年应纳税所得额	税率（%）
1	不超过 36000 元的	3
2	超过 36000 元至 144000 元的部分	10
3	超过 144000 元至 300000 元的部分	20
4	超过 300000 元至 420000 元的部分	25
5	超过 420000 元至 660000 元的部分	30
6	超过 660000 元至 960000 元的部分	35
7	超过 960000 元的部分	45

表 6-2　非居民综合所得税率表

级数	全月应纳税所得额	税率（%）
1	不超过 3000 元的	3
2	超过 3000 元至 12000 元的部分	10
3	超过 12000 元至 25000 元的部分	20
4	超过 25000 元至 35000 元的部分	25
5	超过 35000 元至 55000 元的部分	30
6	超过 55000 元至 80000 元的部分	35
7	超过 80000 元的部分	45

（2）经营所得：

表 6-3　经营所得税率表

级数	全年应纳税所得额	税率（%）
1	不超过 30000 元的	5
2	超过 30000 元至 90000 元的部分	10
3	超过 90000 元至 300000 元的部分	20
4	超过 300000 元至 500000 元的部分	30
5	超过 500000 元的部分	35

（3）其他所得，适用比例税率，税率为20%。

4. 下列各项个人所得，免征个人所得税：

（1）省级人民政府、国务院部委和中国人民解放军军以上单位，以及外国组织、国际组织颁发的科学、教育、技术、文化、卫生、体育、环境保护等方面的奖金；

（2）国债和国家发行的金融债券利息；

（3）按照国家统一规定发给的补贴、津贴；

（4）福利费、抚恤金、救济金；

（5）保险赔款；

（6）军人的转业费、复员费、退役金；

（7）按照国家统一规定发给干部、职工的安家费、退职费、基本养老金或者退休费、离休费、离休生活补助费；

（8）依照有关法律规定应予免税的各国驻华使馆、领事馆的外交代表、领事官员和其他人员的所得；

（9）中国政府参加的国际公约、签订的协议中规定免税的所得；

（10）国务院规定的其他免税所得。

前款第十项免税规定，由国务院报全国人民代表大会常务委员会备案。

解读：

本条是关于免征个人所得税的规定，符合上面规定的所得，不需要缴纳所得税。

5. 有下列情形之一的，可以减征个人所得税，具体幅度和期限，由省、自治区、直辖市人民政府规定，并报同级人民代表大会常务委员会备案：

（1）残疾、孤老人员和烈属的所得；

（2）因自然灾害遭受重大损失的。

国务院可以规定其他减税情形，报全国人民代表大会常务委员会备案。

解读：

本条是关于减免个人所得的授权规定。

（1）残疾、孤寡或烈属可以减征个人所得税。

（2）减征的幅度和期限，由省、自治区、直辖市人民政府规定，并报同级人民代表大会常务委员会备案。

6.个人所得税以所得人为纳税人，以支付所得的单位或者个人为扣缴义务人。

纳税人有中国公民身份号码的，以中国公民身份号码为纳税人识别号；纳税人没有中国公民身份号码的，由税务机关赋予其纳税人识别号。扣缴义务人扣缴税款时，纳税人应当向扣缴义务人提供纳税人识别号。

解读：

本条是关于纳税人和扣缴义务人的规定。

（1）纳税人的含义：所得人（入账）即为纳税人；扣缴义务人的含义：支付所得的单位或个人。

（注意：个人也可以是扣缴义务人。）

（2）中国公民的纳税识别号是身份证号码，外国和其他地区的自然人由税务机关赋予纳税人识别号。

7.有下列情形之一的，纳税人应当依法办理纳税申报：

（1）取得综合所得需要办理汇算清缴；

（2）取得应税所得没有扣缴义务人；

（3）取得应税所得，扣缴义务人未扣缴税款；

（4）取得境外所得；

（5）因移居境外注销中国户籍；

（6）非居民个人在中国境内从两处以上取得工资、薪金所得；

（7）国务院规定的其他情形。

扣缴义务人应当按照国家规定办理全员全额扣缴申报，并向纳税人提供其个人所得和已扣缴税款等信息。

解读：

本条是关于纳税人纳税申报的规定。

8.居民个人取得综合所得，按年计算个人所得税；有扣缴义务人的，由扣缴义务人按月或者按次预扣预缴税款；需要办理汇算清缴的，应当在取得所得的次年3月1日至6月30日内办理汇算清缴。预扣预缴办法由国务院税务主管部门制定。

居民个人向扣缴义务人提供专项附加扣除信息的，扣缴义务人按月预扣预缴税款时应当按照规定予以扣除，不得拒绝。

非居民个人取得工资、薪金所得，劳务报酬所得，稿酬所得和特许权使用费所得，有扣缴义务人的，由扣缴义务人按月或者按次代扣代缴税款，不办理汇算清缴。

解读：

本条是关于居民个人办理所得税扣缴汇算时间的规定。

（1）居民个人取得综合所得，是按年计算个人所得税。

（2）居民综合所得有扣缴义务人的，由扣缴义务人按月或者按次预扣预缴税款。

（3）居民需要办理汇算清缴的，应当在取得所得的次年3月1日至6月30日内办理汇算清缴（居民才适用）。

（4）非居民个人取得工资、薪金所得，劳务报酬所得，稿酬所得和特许权使用费所得，有扣缴义务人的，由扣缴义务人按月或者按次代扣代缴税款，不办理汇算清缴。

9.纳税人取得经营所得，按年计算个人所得税，由纳税人在月度或者季度终了后十五日内向税务机关报送纳税申报表，并预缴税款；在取得所得的次年3月31日前办理汇算清缴。

纳税人取得利息、股息、红利所得，财产租赁所得，财产转让所得和偶然所得，按月或者按次计算个人所得税，有扣缴义务人的，由扣缴义务人按月或者按次代扣代缴税款。

解读：

本条是关于经营所得办理汇算清缴的规定。

（1）纳税人取得经营所得，是按年计算个人所得税的，但是需每月度或季度终末后十五日进行申报，预缴税款。

（2）纳税人的经营所得是次年3月31日前办理汇算清缴。

（3）纳税居民汇算是次年3月1日至6月30日。

（4）纳税人的非综合所得，利息、股息、红利所得，财产租赁所得，财产转让所得和偶然所得，是按月或者按次计算个人所得税的；或者扣缴义务人按月或者按次代扣代缴税款。

10. 扣缴义务人每月或者每次预扣、代扣的税款，应当在次月十五日内缴入国库，并向税务机关报送扣缴个人所得税申报表。

纳税人办理汇算清缴退税或者扣缴义务人为纳税人办理汇算清缴退税的，税务机关审核后，按照国库管理的有关规定办理退税。

解读：

本条是关于扣缴义务人预扣、代扣税款的规定。

扣缴义务人每月或者每次预扣、代扣的税款，注意是次月十五日内缴入国库，同时报送扣缴个人所得税申报表。

11. 纳税人、扣缴义务人和税务机关及其工作人员违反本法规定的，依照《税收征收管理法》和有关法律法规的规定追究法律责任。

解读：

本条是关于税务违规的法律责任。

（1）税务违规的主体，包括纳税人、扣缴义务人和税务机关及其工作人员。

（2）法律责任包括行政责任、刑事责任、民事责任。

知识点三

《企业所得税法》关于企业纳税义务的规定（掌握）

1. 在中华人民共和国境内，企业和其他取得收入的组织（以下统称企业）为企业所得税的纳税人，依照本法的规定缴纳企业所得税。个人独资企业、合伙企业不适用本法。

解读：

本条是关于纳税企业的规定。

（1）在境内取得收入的企业或组织，是企业纳税人，缴纳企业所得税。

（2）个人独资企业、合伙企业不适用本法规定。

2. 企业分为居民企业和非居民企业。

《企业所得税法》所称居民企业，是指依法在中国境内成立，或者依照外国（地区）法律成立但实际管理机构在中国境内的企业。

《企业所得税法》所称非居民企业，是指依照外国（地区）法律成立且实际管理机构不在中国境内，但在中国境内设立机构、场所的，或者在中国境内未设立机构、场所，但有来源于中国境内所得的企业。

解读：

本条是关于居民纳税企业和非居民纳税企业判断的规定。

（1）居民企业是境内成立，或者境外成立，但是实际管理机构在国内的企业。

（2）非居民企业是境外成立且实际管理机构在国外的企业。

3. 居民企业应当就其来源于中国境内、境外的所得缴纳企业所得税。

非居民企业在中国境内设立机构、场所的，应当就其所设机构、场所取得的来源于中国境内的所得，以及发生在中国境外但与其所设机构、场所有实际联系的所得，缴纳企业所得税。

非居民企业在中国境内未设立机构、场所的，或者虽设立机构、场所但取得的所得与其所设机构、场所没有实际联系的，应当就其来源于中国境内的所得缴纳企业所得税。

解读：

本条是关于纳税企业缴纳企业所得税纳税范围的规定。

（1）居民企业境内、境外所得都需要缴纳企业所得税。

（2）非居民企业境内所得都需要缴纳企业所得税。

4. 企业所得税的税率为25%。

非居民企业取得本法第三条第三款规定的所得，适用税率为20%。

解读：

本条是关于纳税企业缴纳企业所得税税率的规定。

（1）居民企业和非居民企业的所得税税率是25%。

（2）例外情形是非居民企业非通过设立的机构、场所所得的与境内企业交易的收入。

5. 企业以货币形式和非货币形式从各种来源取得的收入，为收入总额。包括：

（1）销售货物收入；

（2）提供劳务收入；

（3）转让财产收入；

（4）股息、红利等权益性投资收益；

（5）利息收入；

（6）租金收入；

（7）特许权使用费收入；

（8）接受捐赠收入；

（9）其他收入。

解读：

本条是关于企业收入所得范围的规定。

（1）企业收入有九种，具体详细范围可以见本法的规定。

（2）本条采用列举式的方法表明哪些企业所得应当缴税。

6. 除税收法律、行政法规另有规定外，居民企业以企业登记注册地为纳税地点；但登记注册地在境外的，以实际管理机构所在地为纳税地点。

居民企业在中国境内设立不具有法人资格的营业机构的，应当汇总计算并缴纳企业所得税。

解读：

本条是关于居民企业纳税地点的规定。

（1）居民企业是以注册登记地址作为纳税管理地点。

（2）企业注册在国外的，以实际经营地址为纳税管理地点。

（3）营业的非法人机构，应当汇总计算企业所得税。

7. 非居民企业取得《企业所得税法》第三条第二款规定的所得，以机构、场所所在地为纳税地点。非居民企业在中国境内设立两个或者两个以上机构、场所，符合国务院税务主管部门规定条件的，可以选择由其主要机构、场所汇总缴纳企业所得税。

非居民企业取得《企业所得税法》第三条第三款规定的所得，以扣缴义务人所在地为纳税地点。

解读：

本条是关于非居民企业纳税地点的规定。

（1）非居民企业在境内机构、场所取得的收入，以机构或场所所在地作为纳税点。

（2）非居民企业在境内没有机构、场所，或取得的收入与机构、场所无关联性，就以交易的境内企业所在地作为纳税点。

（3）非居民企业多个机构、场所的，以主要地址为准。

8. 企业所得税按纳税年度计算。纳税年度自公历1月1日起至12月31日止。

企业在一个纳税年度中间开业，或者终止经营活动，使该纳税年度的实际经营期不足十二个月的，应当以其实际经营期为一个纳税年度。

企业依法清算时，应当以清算期间作为一个纳税年度。

解读：

本条是关于企业缴纳所得税纳税年度的规定。

（1）企业所得税按年度计算，年度是以公历1月1日起至12月31日止。

（2）实际经营不足1年，以实际计算"纳税年度"。

（3）清算期间也作为纳税年度。

9. 企业所得税分月或者分季预缴。

企业应当自月份或者季度终了之日起十五日内，向税务机关报送预缴企业所得税纳税申报表，预缴税款。

企业应当自年度终了之日起五个月内，向税务机关报送年度企业所得税纳税申报表，并汇算清缴，结清应缴应退税款。

企业在报送企业所得税纳税申报表时，应当按照规定附送财务会计报告和其他有关资料。

解读：

本条是关于企业办理所得税扣缴汇算、申报及经营所得办理汇算清缴的规定。

（1）企业是每月度或季度终末后15天进行申报，预缴税款。

（2）企业应是在次年五个月内报送年度企业所得税纳税申报表，并汇算清缴。

（3）企业纳税申报汇算，还要附送财务会计报告和其他有关资料。

第七章 卫生法律制度

1. 考试大纲

掌握《传染病防治法》关于单位和个人在传染病防治工作中的义务的规定;《突发公共卫生事件应急条例》关于不得隐瞒、缓报、谎报或者授意他人隐瞒、缓报、谎报突发事件,突发事件举报制度的规定;《公共场所卫生管理条例》关于卫生许可证的规定。

2. 大纲解读

序号	主要内容	考纲要求
1	《传染病防治法》关于单位和个人在传染病防治工作中的义务的规定	掌握
2	《突发公共卫生事件应急条例》关于不得隐瞒、缓报、谎报或者授意他人隐瞒、缓报、谎报突发事件的规定	掌握
3	突发事件举报制度的规定	掌握
4	《公共场所卫生管理条例》关于卫生许可证的规定	掌握

3. 思维导图

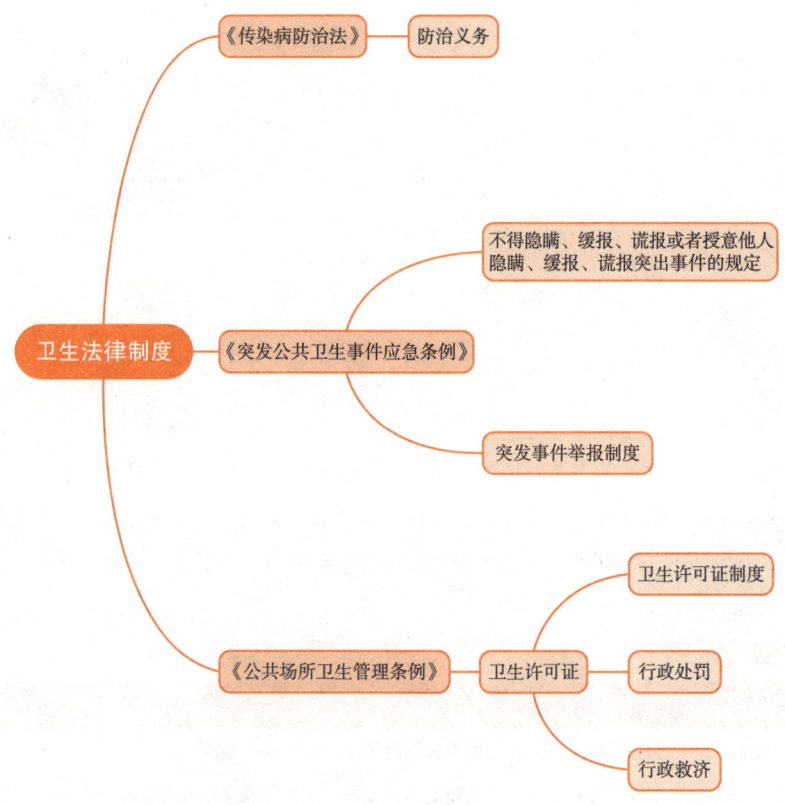

知 识 点 精 讲

知识点一

《传染病防治法》关于单位和个人在传染病防治工作中的义务的规定（掌握）

1. 一切单位和个人，必须接受疾病预防控制机构、医疗机构有关传染病的调查、检验、采集样本、隔离治疗等预防、控制措施，如实提供有关情况。

2. 传染病病人、病原携带者和疑似传染病病人，在治愈前或者在排除传染病嫌疑前，不得从事法律、行政法规和国务院卫生行政部门规定禁止从事的易使该传染病扩散的工作。

3. 对被传染病病原体污染的污水、污物、场所和物品，有关单位和个人必须在疾病预防控制机构的指导下或者按照其提出的卫生要求，进行严格消毒处理；拒绝消毒处理的，由当地卫生行政部门或者疾病预防控制机构进行强制消毒处理。

4. 任何单位和个人发现传染病病人或者疑似传染病病人时，应当及时向附近的疾病预防控制机构或者医疗机构报告。

除了以上义务，任何个人违反相关规定，导致传染病传播、流行，给他人人身、财产造成损害的，应当依法承担民事责任；拒绝隔离治疗或者隔离期未满擅自脱离隔离治疗的，可以由公安机关协助医疗机构采取强制隔离治疗措施。

解读：

权利受到限制，是为了更重大的公共利益。

知识点二

《突发公共卫生事件应急条例》关于不得隐瞒、缓报、谎报或者授意他人隐瞒、缓报、谎报突发事件的规定（掌握）

1. 任何单位和个人对突发事件，不得隐瞒、缓报、谎报或者授意他人隐瞒、缓报、谎报。

解读：

公众对于知情权越发看重，发生突发事件时更是如此。公开与透明才是消除质疑和谣言的良药，任何单位和个人不得隐瞒、缓报、谎报或者授意他人隐瞒、缓报、谎报。

2. 县级以上地方人民政府及其卫生行政主管部门未依照本条例的规定履行报告职责，对突发事件隐瞒、缓报、谎报或者授意他人隐瞒、缓报、谎报的，对政府主要领导人及其卫生行政主管部门主要负责人，依法给予降级或者撤职的行政处分；造成传染病传播、流行或者对社会公众健康造成其他严重危害后果的，依法给予开除的行政处分；构成犯罪的，依法追究刑事责任。

解读：

（1）此条是关于对未履行报告职责，隐瞒、缓报、谎报或者授意他人隐瞒、缓报、谎报突发事件的政府官员的处罚，分三个层次。第一个层次：降级或撤职；第二个层次：造成严重后果的，开除行政处分；第三个层次：构成犯罪，依法追究刑事责任。

（2）根据《中华人民共和国公务员法》规定，行政处分及期限由轻到重分别为：警告（6个月）、记过（12个月）、记大过（18个月）、降级（24个月）、撤职（24个月）、开除。

3. 医疗卫生机构有下列行为的，由卫生行政主管部门责令改正、通报批评、给予警告；情节严重的，吊销《医疗机构执业许可证》；对主要负责人、负有责任的主管人员和其他直接责任人员依法给予降级或者撤职的纪律处分；造成传染病传播、流行或者对社会公众健康造成其他严重危害后果，构成犯罪的，依法追究刑事责任。

未依照《突发公共卫生事件应急条例》的规定履行报告职责，隐瞒、缓报或者谎报的。

解读：

此条是关于对未履行报告职责，隐瞒、缓报、谎报突发事件的医疗卫生机构及其工作人员的处罚，分单位处罚和个人处罚两类。

（1）单位处罚：分两档，第一档：责令改正、通报批评、给予警告；第二档：情节严重的，吊销《医疗机构执业许可证》。

（2）个人处罚：

①个人处罚对象：主要负责人、负有责任的主管人员和其他直接责任人员；

②个人处罚种类：降级或撤职；造成严重危害后果，构成犯罪的，依法追究刑事责任。

4. 在突发事件应急处理工作中，有关单位和个人未依照本条例的规定履行报告职责，隐瞒、缓报或者谎报，阻碍突发事件应急处理工作人员执行职务，拒绝国务院卫生行政主管部门或者其他有关部门指定的专业技术机构进入突发事件现场，或者不配合调查、采样、技术分析和检验的，对有关责任人员依法给予行政处分或者纪律处分；触犯《中华人民共和国治安管理处罚法》，构成违反治安管理行为的，由公安机关依法予以处罚；构成犯罪的，依法追究刑事责任。

解读：

此条是关于对未履行报告职责，隐瞒、缓报、谎报突发事件的有关单位和个人的处罚，视情况对有关责任人员给予行政处分或纪律处分。如构成违反治安管理行为，由公安机关处罚；如构成犯罪，依法追究刑事责任。此处的有关单位和人员是指除前述卫生行政部门政府官员及医疗卫生机构及其工作人员以外的一般的普通单位和普通人员。

触发处罚的条件不单单是未履行报告职责，隐瞒、缓报、谎报突发事件。阻碍突发事件应急处理工作人员执行职务或拒绝国务院卫生行政主管部门或者其他有关部门指定的专业技术机构进入突发事件现场，或者不配合调查、采样、技术分析和检验同样可以触发本条的处罚。

知识点三

突发事件举报制度的规定（掌握）

国家建立突发事件举报制度，公布统一的突发事件报告、举报电话。

任何单位和个人有权向人民政府及其有关部门报告突发事件隐患，有权向上级人民政府及其有关部门举报地方人民政府及其有关部门不履行突发事件应急处理职责，或者不按照规定履行职责的情况。接到报告、举报的有关人民政府及其有关部门，应当立即组织对突发事件隐患、不履行或者不按照规定履行突发事件应急处理职责的情况进行调查处理。

对举报突发事件有功的单位和个人，县级以上各级人民政府及其有关部门应当予以奖励。

解读：

（1）国家建立突发事件举报制度。

（2）举报有奖。奖励前提是举报有功，奖励对象包括单位和个人，发放的奖励主体是县级以上各级人民政府及其有关部门。

知识点四

《公共场所卫生管理条例》关于卫生许可证的规定（掌握）

1.国家对公共场所实行"卫生许可证"制度。

"卫生许可证"由县以上卫生行政部门签发。

解读：

（1）公共场所实行"卫生许可证"制度。

（2）公共场所不是指所有的公共场所，如公园、体育场（馆）、公共交通工具无须办理"卫生许可证"。

（3）"卫生许可证"由县以上卫生行政部门签发。卫生行政部门指卫生健康局、卫生健康委员会。

2. 除公园、体育场（馆）、公共交通工具外的公共场所，经营单位应当及时向卫生行政部门申请办理"卫生许可证"。"卫生许可证"两年复核一次。

解读：

（1）与第四条结合理解，非所有公共场所均施行卫生许可证制度，如公园、体育场（馆）、公共交通工具无须办理"卫生许可证"，但网吧、酒吧、餐馆、宾馆等公共场所则应及时办理"卫生许可证"。

（2）"卫生许可证"两年复核一次。

3. 凡有下列行为之一的单位或者个人，卫生防疫机构可以根据情节轻重，给予警告、罚款、停业整顿、吊销"卫生许可证"的行政处罚：

（1）卫生质量不符合国家卫生标准和要求，而继续营业的；

（2）未获得"健康合格证"，而从事直接为顾客服务的；

（3）拒绝卫生监督的；

（4）未取得"卫生许可证"，擅自营业的。

解读：

取得"卫生许可证"仅表明符合形式要求，不意味着卫生工作一定达标，如果存在本条所列的第（1）项至第（2）项情形，可能面临处罚。第（4）项属无证经营。"健康合格证"就是健康证，证明经营者身体健康。

4. 对罚款、停业整顿及吊销"卫生许可证"的行政处罚不服的，在接到处罚通知之日起十五天内，可以向当地人民法院起诉。但对公共场所卫生质量控制的决定应立即执行。对处罚的决定不履行又逾期不起诉的，由卫生防疫机构向人民法院申请强制执行。

解读：

对罚款、停业整顿及吊销"卫生许可证"的行政处罚不服可以提起行政诉讼，但应立即执行公共场所卫生质量控制的决定。

第八章
安全法律制度

1. 考试大纲

了解《突发事件应对法》关于单位预防突发事件义务，公共场所和其他人员密集场所的经营单位或者管理单位预防突发事件义务，突发事件信息报告义务，禁止编造、传播虚假信息的规定。

掌握《安全生产法》关于生产经营单位的安全生产管理机构以及安全生产管理人员职责，生产经营单位安全检查的规定；《消防法》关于消防安全检查告知承诺管理，团体、企业等单位消防安全职责，消防安全许可，单位和个人火灾报警和救援义务的规定；《治安管理处罚法》关于扰乱文化、体育等大型群众性活动秩序的行为及其处罚，举办大型活动违反有关规定的行为及其处罚，娱乐场、运动场等供社会公众活动的场所经营管理人员违反有关规定的行为及其处罚，恐怖、残忍表演的处罚，伪造、变造或者买卖文艺演出票等有价票证、凭证等行为的处罚，组织播放淫秽音像、组织或者进行淫秽表演、聚众淫乱以及为上述活动提供条件的违法行为及其处罚的规定。

2. 大纲解读

序号	主要内容	考纲要求
1	《突发事件应对法》关于单位预防突发事件义务	了解
2	公共场所和其他人员密集场所的经营单位或者管理单位预防突发事件义务	了解
3	突发事件信息报告义务	了解
4	禁止编造、传播虚假信息的规定	了解
5	《安全生产法》关于生产经营单位的安全生产管理机构以及安全生产管理人员职责	掌握
6	生产经营单位安全检查的规定	掌握
7	《消防法》关于消防安全检查告知承诺管理	掌握
8	团体、企业等单位的消防安全职责	掌握
9	消防安全许可	掌握
10	单位和个人火灾报警和救援义务的规定	掌握
11	《治安管理处罚法》关于扰乱文化、体育等大型群众性活动秩序的行为及其处罚	掌握
12	举办大型活动违反有关规定的行为及其处罚	掌握
13	娱乐场、运动场等供社会公众活动的场所经营管理人员违反有关规定的行为及其处罚	掌握
14	恐怖、残忍表演的处罚	掌握
15	伪造、变造或者买卖文艺演出票等有价票证、凭证等行为的处罚	掌握
16	组织播放淫秽音像、组织或者进行淫秽表演、聚众淫乱以及为上述活动提供条件的违法行为及其处罚的规定	掌握

3. 思维导图

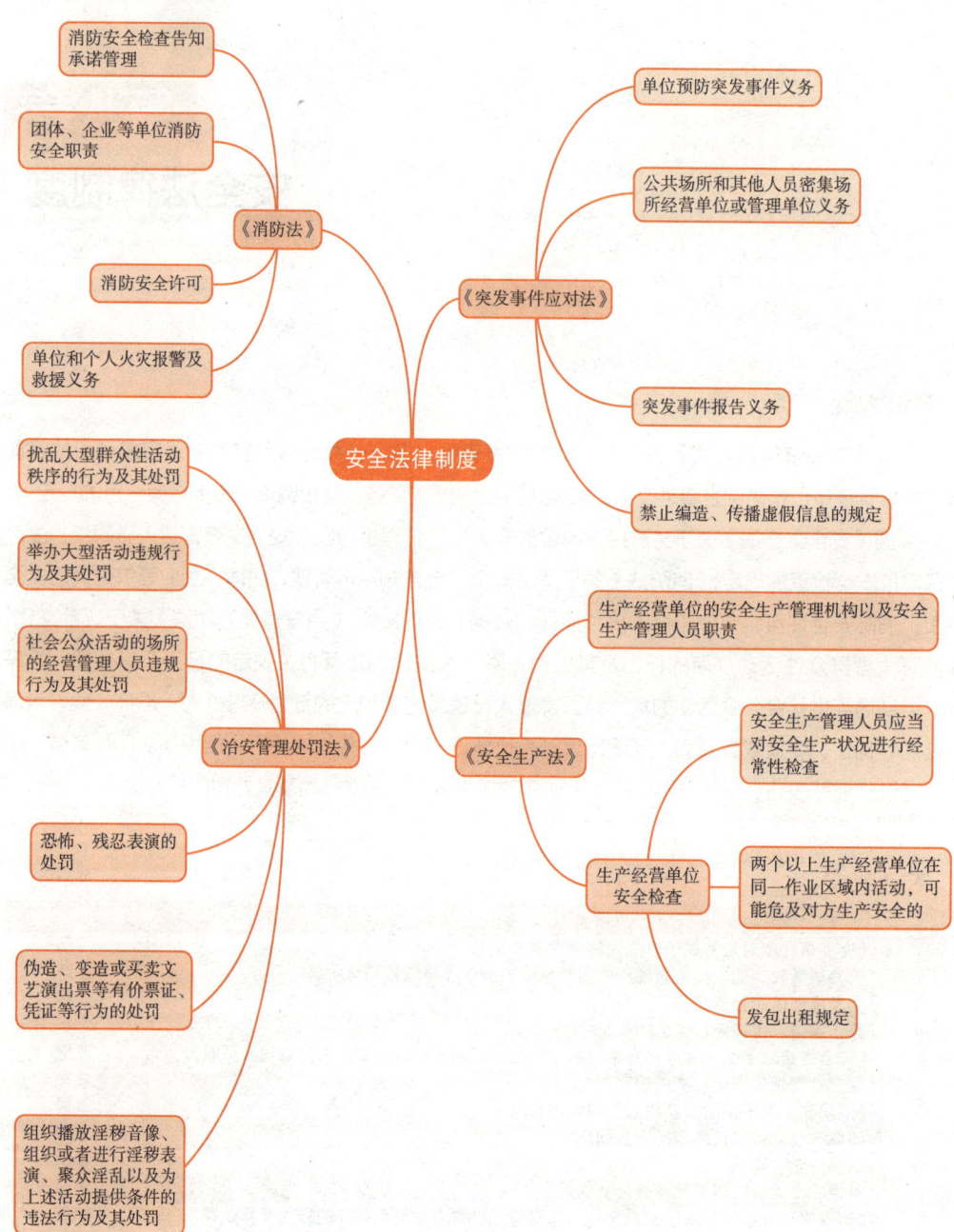

知识点精讲

知识点一
《突发事件应对法》关于单位预防突发事件义务（了解）

1. 县级人民政府应当对本行政区域内容易引发自然灾害、事故灾难和公共卫生事件的危险源、危险区域进行调查、登记、风险评估，定期进行检查、监控，并责令有关单位采取安全防范措施。

省级和设区的市级人民政府应当对本行政区域内容易引发特别重大、重大突发事件的危险源、危险区域进行调查、登记、风险评估，组织进行检查、监控，并责令有关单位采取安全防范措施。

解读：

有关单位应对经县级以上人民政府调查、登记和风险评估的危险源、危险区域，采取安全防范措施。

2. 所有单位应当建立健全安全管理制度，定期检查本单位各项安全防范措施的落实情况，及时消除事故隐患；掌握并及时处理本单位存在的可能引发社会安全事件的问题，防止矛盾激化和事态扩大；对本单位可能发生的突发事件和采取安全防范措施的情况，应当按照规定及时向所在地人民政府或者人民政府有关部门报告。

解读：

本条是强制性规定，所有单位应当建立健全安全管理制度，采取安全防范措施并落实，及时消除事故隐患，同时及时向政府或政府部门报告。

3. 矿山、建筑施工单位和易燃易爆物品、危险化学品、放射性物品等危险物品的生产、经营、储运、使用单位，应当制定具体应急预案，并对生产经营场所、有危险物品的建筑物、构筑物及周边环境开展隐患排查，及时采取措施消除隐患，防止发生突发事件。

　　解读：

　　本条设定了危险物品的生产、经营、储运、使用单位的预防突发事件义务。矿山、建筑施工单位和易燃易爆物品、危险化学品、放射性物品等危险物品的生产、经营、储运、使用单位一旦发生突发事件，极有可能造成大规模、大范围、长时间的人身财产损失，因此，法律单独设定了此类单位的预防突发事件义务。

　　具体要求： 制定具体应急预案，对生产、存放危险物品的场所及周边环境开展隐患排查，及时采取措施消除隐患。

知识点二

公共场所和其他人员密集场所的经营单位或者管理单位预防突发事件义务（了解）

　　1. 公共交通工具、公共场所和其他人员密集场所的经营单位或者管理单位应当制定具体应急预案，为交通工具和有关场所配备报警装置和必要的应急救援设备、设施，注明其使用方法，并显著标明安全撤离的通道、路线，保证安全通道、出口的畅通。

　　有关单位应当定期检测、维护其报警装置和应急救援设备、设施，使其处于良好状态，确保正常使用。

　　解读：

　　本条设定了公共交通工具、公共场所和其他人员密集场所的经营单位或者管理单位的预防突发事件义务。上述场所一般人员众多且密集，一旦发生突发事件，可能造成大规模伤亡。

　　具体要求： 制定具体应急预案，配备报警装置和必要的应急救援设备、设施，注明其使用方法，并显著标明安全撤离的通道、路线，保证安全通道、出口的畅通。如演唱会现场应保证存放灭火设备、保持出口畅通无杂物，制定应急预案防范踩踏事件等。

　　2. 县级以上人民政府应当整合应急资源，建立或者确定综合性应急救援队伍。人民政府有关部门可以根据实际需要设立专业应急救援队伍。

　　县级以上人民政府及其有关部门可以建立由成年志愿者组成的应急救援队伍。单位应当建立由本单位职工组成的专职或者兼职应急救援队伍。

　　县级以上人民政府应当加强专业应急救援队伍与非专业应急救援队伍的合作，联合培训、联合演练，提高合成应急、协同应急的能力。

解读：

单位预防突发事件义务的重要要求是建立专职或兼职的应急救援队伍。

知识点三

突发事件信息报告义务（了解）

1. 县级人民政府对本行政区域内突发事件的应对工作负责；涉及两个以上行政区域的，由有关行政区域共同的上一级人民政府负责，或者由各有关行政区域的上一级人民政府共同负责。

突发事件发生后，发生地县级人民政府应当立即采取措施控制事态发展，组织开展应急救援和处置工作，并立即向上一级人民政府报告，必要时可以越级上报。

突发事件发生地县级人民政府不能消除或者不能有效控制突发事件引起的严重社会危害的，应当及时向上级人民政府报告。上级人民政府应当及时采取措施，统一领导应急处置工作。

法律、行政法规规定由国务院有关部门对突发事件的应对工作负责的，从其规定；地方人民政府应当积极配合并提供必要的支持。

解读：

（1）本条是关于县级人民政府的报告义务。突发事件发生后，县级人民政府一般最先知情并首先处置，其负有向上级政府报告的义务，并向有关政府或有关部门、驻军单位通报。

（2）一般逐级上报，必要时越级上报。这是灵活处理事务的体现，关键时可以挽救生命。

2. 县级以上人民政府作出应对突发事件的决定、命令，应当报本级人民代表大会常务委员会备案；突发事件应急处置工作结束后，应当向本级人民代表大会常务委员会作出专项工作报告。

解读：

本条是关于处置后本级人民政府向本级人民代表大会常务委员会的报告义务。前事不忘，后事之师。突发事件应急处置工作结束后，县级以上人民政府应当向本级人民代表大会常务委员会作出专项工作报告。

延伸：本级人民代表大会是本行政区域内的最高权力机构，常务委员会是其常设机构。

3. 获悉突发事件信息的公民、法人或者其他组织，应当立即向所在地人民政府、有关主管部门或者指定的专业机构报告。

解读：

本条是关于公民、法人或者其他组织也就是单位和个人的报告义务。单位和个人在获悉突发事件信息后，应及时向有关政府、部门或指定的专业机构报告。

4. 地方各级人民政府应当按照国家有关规定向上级人民政府报送突发事件信息。县级以上人民政府有关主管部门应当向本级人民政府相关部门通报突发事件信息。专业机构、监测网点和信息报告员应当及时向所在地人民政府及其有关主管部门报告突发事件信息。

有关单位和人员报送、报告突发事件信息，应当做到及时、客观、真实，不得迟报、谎报、瞒报、漏报。

解读：

（1）报告的形式：口头和书面均可，但是报送突发事件信息应以书面为主。

（2）报送、报告突发事件信息的要求：及时、客观、真实，不得迟报、谎报、瞒报、漏报。

5. 可以预警的自然灾害、事故灾难或者公共卫生事件即将发生或者发生的可能性增大时，县级以上地方各级人民政府应当根据有关法律、行政法规和国务院规定的权限和程序，发布相应级别的警报，决定并宣布有关地区进入预警期，同时向上一级人民政府报告，必要时可以越级上报，并向当地驻军和可能受到危害的毗邻或者相关地区的人民政府通报。

解读：

"报告"有狭义和广义之分。狭义的"报告"指向上级陈请或陈述，这是最常见的一种含义。广义的"报告"可以指宣告、告诉。

突发事件发生后，除了向上级政府报告、报送有关信息外，还可能涉及向公众发布警报或通告，宣布预警期，向同级政府其他部门、其他地区政府或部门、驻军单位通报等。

6.突发事件应急处置工作结束后，履行统一领导职责的人民政府应当立即组织对突发事件造成的损失进行评估，组织受影响地区尽快恢复生产、生活、工作和社会秩序，制订恢复重建计划，并向上一级人民政府报告。

解读：

本条是关于处置工作结束后。突发事件发生地人民政府的后续工作及报告义务。处置后的报告义务须向上一级人民政府和本级人大常委会报告。

知识点四

禁止编造、传播虚假信息的规定（了解）

1.任何单位和个人不得编造、传播有关突发事件事态发展或者应急处置工作的虚假信息。

解读：

本条是关于禁止编造、传播虚假信息的规定。虚假信息会导致信息混乱，既影响应急处置工作又可能造成新的社会舆情。

2.违反《突发事件应对法》规定，编造并传播有关突发事件事态发展或者应急处置工作的虚假信息，或者明知是有关突发事件事态发展或者应急处置工作的虚假信息而进行传播的，责令改正，给予警告；造成严重后果的，依法暂停其业务活动或者吊销其执业许可证；负有直接责任的人员是国家工作人员的，还应当对其依法给予处分；构成违反治安管理行为的，由公安机关依法给予处罚。

解读：

本条是关于编造、传播虚假信息的处罚。视情节轻重、违反的人员不同分别给予处罚。

最轻的处罚是警告，责令改正。造成严重后果的，暂停其业务活动或者吊销其执业许可证。构成违反治安管理行为的，由公安机关依法给予处罚。

负有直接责任的人员是国家工作人员的，还应当对其依法给予处分。

知识点五

《安全生产法》关于生产经营单位的安全生产管理机构以及安全生产管理人员职责（掌握）

1. 生产经营单位的安全生产管理机构以及安全生产管理人员履行下列职责：

（1）组织或者参与拟订本单位安全生产规章制度、操作规程和生产安全事故应急救援预案；

（2）组织或者参与本单位安全生产教育和培训，如实记录安全生产教育和培训情况；

（3）组织开展危险源辨识和评估，督促落实本单位重大危险源的安全管理措施；

（4）组织或者参与本单位应急救援演练；

（5）检查本单位的安全生产状况，及时排查生产安全事故隐患，提出改进安全生产管理的建议；

（6）制止和纠正违章指挥、强令冒险作业、违反操作规程的行为；

（7）督促落实本单位安全生产整改措施。

生产经营单位可以设置专职安全生产分管负责人，协助本单位主要负责人履行安全生产管理职责。

解读：

本条是关于安全生产管理机构以及安全生产管理人员职责的规定。

组织制定安全生产的规章制度、教育培训、危险辨识评估、组织应急救援演练、检查日常生产和排查隐患、制止违规操作、落实安全整改。

生产经营单位还需设置安全生产管理人员。

2. 生产经营单位的安全生产管理机构以及安全生产管理人员应当恪尽职守，依法履行职责。

生产经营单位作出涉及安全生产的经营决策，应当听取安全生产管理机构以及安全生产管理人员的意见。

生产经营单位不得因安全生产管理人员依法履行职责而降低其工资、福利等待遇或者解除与其订立的劳动合同。

危险物品的生产、储存单位以及矿山、金属冶炼单位的安全生产管理人员的任免，应当告知主管的负有安全生产监督管理职责的部门。

解读：

本条是关于经营单位的安全生产管理机构以及安全生产管理人员职责的规定。

（1）生产经营单位作出涉及安全生产的经营决策，应当听取安全生产管理机构以及安全生产管理人员的意见。

（2）生产经营单位不得调低安全生产管理人员的工资待遇。

（3）危险物品的生产、储存单位以及矿山、金属冶炼单位的安全生产管理人员的任免，要履行向负有安全生产监督管理部门报备的义务。

知识点六

生产经营单位安全检查的规定（掌握）

1. 生产经营单位的安全生产管理人员应当根据本单位的生产经营特点，对安全生产状况进行经常性检查；对检查中发现的安全问题，应当立即处理；不能处理的，应当及时报告本单位有关负责人，有关负责人应当及时处理。检查及处理情况应当如实记录在案。生产经营单位的安全生产管理人员在检查中发现重大事故隐患，依照前款规定向本单位有关负责人报告，有关负责人不及时处理的，安全生产管理人员可以向主管的负有安全生产监督管理职责的部门报告，接到报告的部门应当依法及时处理。

2. 两个以上生产经营单位在同一作业区域内进行生产经营活动，可能危及对方生产安全的，应当签订安全生产管理协议，明确各自的安全生产管理职责和应当采取的安全措施，并指定专职安全生产管理人员进行安全检查与协调。

3. 生产经营单位不得将生产经营项目、场所、设备发包或者出租给不具备安全生产条件或者相应资质的单位或者个人。生产经营项目、场所发包或者出租给其他单位的，生产经营单位应当与承包单位、承租单位签订专门的安全生产管理协议，或者在承包合同、租赁合同中约定各自的安全生产管理职责；生产经营单位对承包单位、承租单位的安全生产工作统一协调、管理，定期进行安全检查，发现安全问题的，应当及时督促整改。

解读：

安全检查根据主体的不同，可分为有关主管部门进行的检查和生产经营单位自行检查两种形式。其中尤以生产经营单位的自查最为常见和普遍。所有单位应当建立健全安全管理制度，定期检查本单位各项安全防范措施的落实情况，及时消除事故隐患；掌握并及时处理本单位存在的可能引发社会安全事件的问题，防止矛盾激化和事态扩大；对本单位可能发生的突发事件和采取安全防范措施的情况，应当按照规定及时向所在地人民政府或者人民政府有关部门报告。

知识点七

《消防法》关于消防安全检查告知承诺管理（掌握）

1.公众聚集场所投入使用、营业前消防安全检查实行告知承诺管理。公众聚集场所在投入使用、营业前，建设单位或者使用单位应当向场所所在地的县级以上地方人民政府消防救援机构申请消防安全检查，作出场所符合消防技术标准和管理规定的承诺，提交规定的材料，并对其承诺和材料的真实性负责。

消防救援机构对申请人提交的材料进行审查；申请材料齐全、符合法定形式的，应当予以许可。消防救援机构应当根据消防技术标准和管理规定，及时对作出承诺的公众聚集场所进行核查。

申请人选择不采用告知承诺方式办理的，消防救援机构应当自受理申请之日起十个工作日内，根据消防技术标准和管理规定，对该场所进行检查。经检查符合消防安全要求的，应当予以许可。

公众聚集场所未经消防救援机构许可的，不得投入使用、营业。消防安全检查的具体办法，由国务院应急管理部门制定。

解读：

本条符合了中办、国办《关于深化消防执法改革的意见》中"简政放权、便民利企"的基本原则，以及国务院"放管服"改革的要求，符合国务院办公厅《关于全面推行证明事项和涉企经营许可事项告知承诺制的指导意见》（国办发〔2020〕42号）的有关精神，既为愿意实行告知承诺制的申请人在缩短行政审批时限上提供便利，又为不愿承诺或无法承诺的申请人，保留其按照一般程序办理的方式，充分尊重申请人的意愿，保障其自主选择的权利。

2.违反《消防法》规定，有下列行为之一的，由住房和城乡建设主管部门、消防救援机构按照各自职权责令停止施工、停止使用或者停产停业，并处三万元以上三十万元以下罚款：

（1）依法应当进行消防设计审查的建设工程，未经依法审查或者审查不合格，擅自施工的；

（2）依法应当进行消防验收的建设工程，未经消防验收或者消防验收不合格，擅自投入使用的；

（3）《消防法》第十三条规定的其他建设工程验收后经依法抽查不合格，不停止使用的；

（4）公众聚集场所未经消防救援机构许可，擅自投入使用、营业的，或者经核查发现场所使用、营业情况与承诺内容不符的。

核查发现公众聚集场所使用、营业情况与承诺内容不符，经责令限期改正，逾期不整改或者整改后仍达不到要求的，依法撤销相应许可。

建设单位未依照本法规定在验收后报住房和城乡建设主管部门备案的，由住房和城乡建设主管部门责令改正，处五千元以下罚款。

解读：

贯彻落实《关于深化消防执法改革的意见》中"放管并重、宽进严管"的原则，增加了对公众聚集场所消防安全检查告知承诺制情况下的事中事后监管。

知识点八

团体、企业等单位消防安全职责（掌握）

机关、团体、企业、事业等单位应当履行下列消防安全职责：

（1）落实消防安全责任制，制定本单位的消防安全制度、消防安全操作规程，制定灭火和应急疏散预案；

（2）按照国家标准、行业标准配置消防设施、器材，设置消防安全标志，并定期组织检验、维修，确保完好有效；

（3）对建筑消防设施每年至少进行一次全面检测，确保完好有效，检测记录应当完整准确，存档备查；

（4）保障疏散通道、安全出口、消防车通道畅通，保证防火防烟分区、防火间距符合消防技术标准；

（5）组织防火检查，及时消除火灾隐患；

（6）组织进行有针对性的消防演练；

（7）法律、法规规定的其他消防安全职责。

单位的主要负责人是本单位的消防安全责任人。

解读：

本条是关于机关、团体、企业、事业等单位落实消防安全职责的规定。

（1）本条列举单位需要履行的消防安全职责的要求。

（2）单位的主要负责人是单位的消防安全责任人。

知识点九

消防安全许可（掌握）

1.公众聚集场所投入使用、营业前消防安全检查实行告知承诺管理。公众聚集场所在投入使用、营业前，建设单位或者使用单位应当向场所所在地的县级以上地方人民政府消防救援机构申请消防安全检查，作出场所符合消防技术标准和管理规定的承诺，提交规定的材料，并对其承诺和材料的真实性负责。

消防救援机构对申请人提交的材料进行审查；申请材料齐全、符合法定形式的，应当予以许可。消防救援机构应当根据消防技术标准和管理规定，及时对作出承诺的公众聚集场所进行核查。

申请人选择不采用告知承诺方式办理的，消防救援机构应当自受理申请之日起十个工作日内，根据消防技术标准和管理规定，对该场所进行检查。经检查符合消防安全要求的，应当予以许可。

公众聚集场所未经消防救援机构许可的，不得投入使用、营业。消防安全检查的具体办法，由国务院应急管理部门制定。

解读：

本条指公共聚集场所使用或开业前的消防安全许可。

2.举办大型群众性活动，承办人应当依法向公安机关申请安全许可，制定灭火和应急疏散预案并组织演练，明确消防安全责任分工，确定消防安全管理人员，保持消防设施和消防器材配置齐全、完好有效，保证疏散通道、安全出口、疏散指示标志、应急照明和消防车通道符合消防技术标准和管理规定。

解读：

本条是具有火灾危险的大型群众性活动举办前的消防安全许可。

知识点十

单位和个人火灾报警和救援义务的规定（掌握）

任何人发现火灾都应当立即报警。任何单位、个人都应当无偿为报警提供便利，不得阻拦报警。严禁谎报火警。人员密集场所发生火灾，该场所的现场工作人员应当立即组织、引导人员疏散。任何单位发生火灾，必须立即组织力量扑救。邻近单位应当给予支援。消防队接到火警，必须立即赶赴火灾现场，救助遇险人员，排除险情，扑灭火灾。

解读：

任何单位和个人都有维护消防安全、保护消防设施、预防火灾、报告火警的义务。任何单位和成年人都有参加有组织的灭火工作的义务。

知识点十一

《治安管理处罚法》关于扰乱文化、体育等大型群众性活动秩序的行为及其处罚（掌握）

有下列行为之一，扰乱文化、体育等大型群众性活动秩序的，处警告或者二百元以下罚款；情节严重的，处五日以上十日以下拘留，可以并处五百元以下罚款：

（1）强行进入场内的；

（2）违反规定，在场内燃放烟花爆竹或者其他物品的；

（3）展示侮辱性标语、条幅等物品的；

（4）围攻裁判员、运动员或者其他工作人员的；

（5）向场内投掷杂物，不听制止的；

（6）扰乱大型群众性活动秩序的其他行为。

因扰乱体育比赛秩序被处以拘留处罚的，可以同时责令其十二个月内不得进入体育场馆观看同类比赛；违反规定进入体育场馆的，强行带离现场。

解读：

本条是关于扰乱文化、体育等大型群众性活动秩序的处罚规定。

（1）对于扰乱文化、体育等大型群众性活动秩序的行为进行列举，如违规入场、使用侮辱标语等。

（2）行政责任包括：警告、罚款、拘留、责令十二个月内禁止进入、强制驱逐等。

知识点十二

举办大型活动违反有关规定的行为及其处罚（掌握）

举办文化、体育等大型群众性活动，违反有关规定，有发生安全事故危险的，责令停止活动，立即疏散。对组织者处五日以上十日以下拘留，并处二百元以上五百元以下罚款；情节较轻的，处五日以下拘留或者五百元以下罚款。

解读：

本条是关于大型群众性活动发生安全事故的处罚规定。

（1）处罚的情形是有发生安全事故危险的文化、体育等大型群众性活动。

（2）接受处罚的对象是组织者、负责人。

（3）行政责任包括：停止活动、拘留、罚款等。

知识点十三

娱乐场、运动场等供社会公众活动的场所经营管理人员违反有关规定的行为及其处罚（掌握）

旅馆、饭店、影剧院、娱乐场、运动场、展览馆或者其他供社会公众活动的场所的经营管理人员，违反安全规定，致使该场所有发生安全事故危险，经公安机关责令改正，拒不改正的，处五日以下拘留。

知识点十四

恐怖、残忍表演的处罚（掌握）

有下列行为之一的，处十日以上十五日以下拘留，并处五百元以上一千元以下罚款；情节较轻的，处五日以上十日以下拘留，并处二百元以上五百元以下罚款：

组织、胁迫、诱骗不满十六周岁的人或者残疾人进行恐怖、残忍表演的。

知识点十五

伪造、变造或者买卖文艺演出票等有价票证、凭证等行为的处罚（掌握）

有下列行为之一的，处十日以上十五日以下拘留，可以并处一千元以下罚款；情节较轻的，处五日以上十日以下拘留，可以并处五百元以下罚款：

伪造、变造、倒卖车票、船票、航空客票、文艺演出票、体育比赛入场券或者其他有价票证、凭证的。

解读：

本条主要是伪造、变造、倒卖文艺演出票、体育比赛入场券的法律责任规定。

（1）违法行为是伪造、变造、倒卖票证，如文艺演出票、体育比赛入场券。

（2）行政责任是拘留和罚款的组合，十日以上十五日以下是一千元以下，五日以上十日以下是五百元以下。

知识点十六

组织播放淫秽音像、组织或者进行淫秽表演、聚众淫乱以及为上述活动提供条件的违法行为及其处罚的规定（掌握）

有下列行为之一的，处十日以上十五日以下拘留，并处五百元以上一千元以下罚款：

（1）组织播放淫秽音像的；

（2）组织或者进行淫秽表演的；

（3）参与聚众淫乱活动的。

明知他人从事前款活动，为其提供条件的，依照前款的规定处罚。

解读：

本条是关于组织、参与、帮助淫秽活动的处罚规定。

（1）违法行为是组织、参与、帮助淫秽活动的开展，注意提供帮助者是一同处罚。

（2）行政责任是拘留和罚款的组合：十日以上十五日以下拘留，五百元以上一千元以下罚款。

（3）需注意，治安拘留处罚，单个处罚不超过十五日。

第九章

知识产权法律制度

1. 考试大纲

了解《商标法》关于商标使用的管理，注册商标专用权的保护的规定；《著作权法》关于保护客体，著作权人及其权利，著作权归属，著作权合理使用，表演者使用他人作品演出时对作品著作权人应尽义务，表演者对其表演享有的权利，职务表演的权利归属的规定。

2. 大纲解读

序号	主要内容	考纲要求
1	《商标法》关于商标使用的管理	了解
2	注册商标专用权的保护的规定	了解
3	《著作权法》关于保护客体的规定	了解
4	关于著作权人及其权利的规定	了解
5	关于著作权归属的规定	了解
6	关于著作权合理使用的规定	了解
7	关于表演者使用他人作品演出时对作品著作权人应尽义务的规定	了解
8	关于表演者对其表演享有权利的规定	了解
9	关于职务表演的权利归属的规定	了解

3. 思维导图

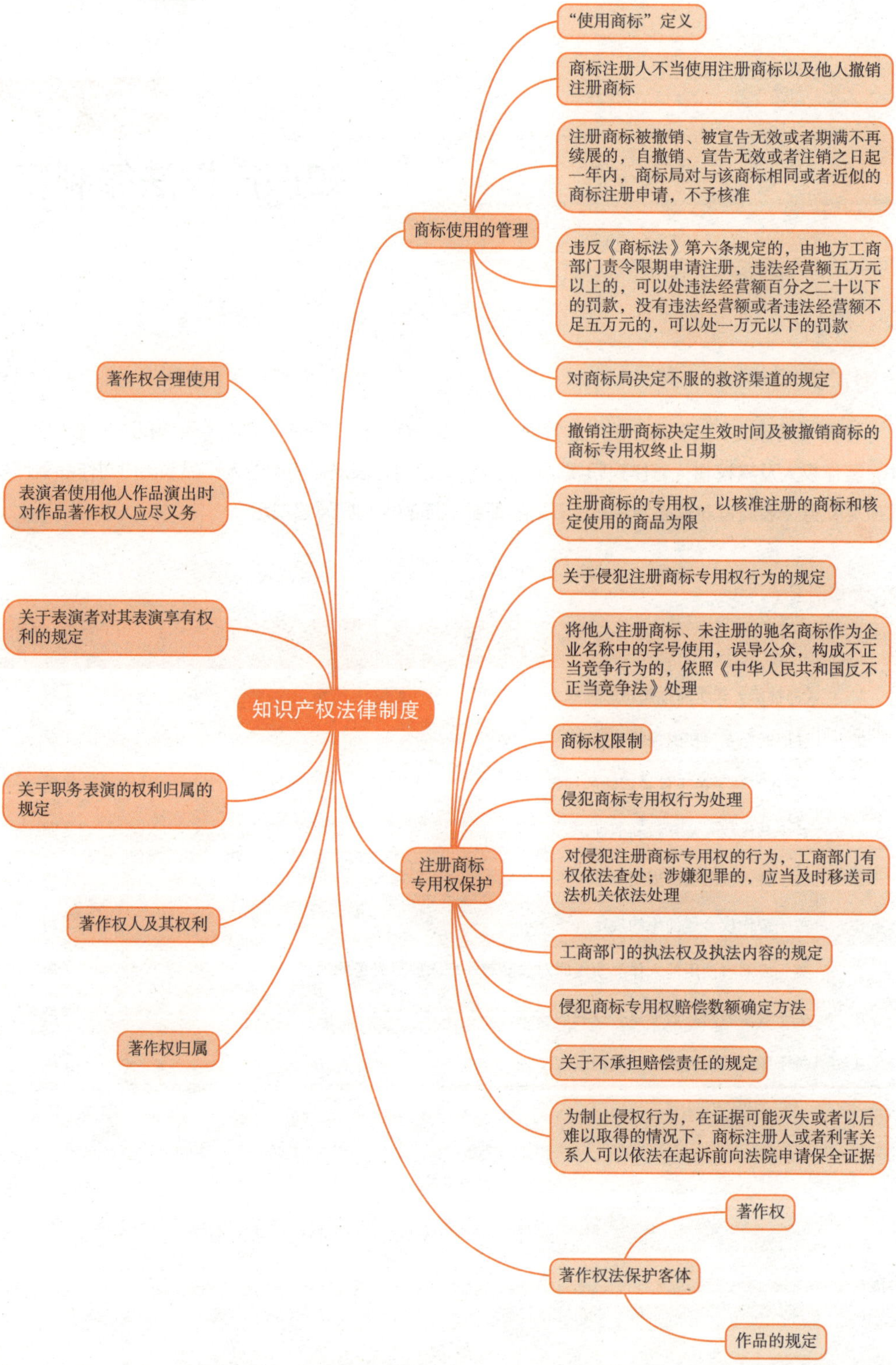

```
知识产权法律制度
├── 商标使用的管理
│   ├── "使用商标"定义
│   ├── 商标注册人不当使用注册商标以及他人撤销注册商标
│   ├── 注册商标被撤销、被宣告无效或者期满不再续展的，自撤销、宣告无效或者注销之日起一年内，商标局对与该商标相同或者近似的商标注册申请，不予核准
│   ├── 违反《商标法》第六条规定的，由地方工商部门责令限期申请注册，违法经营额五万元以上的，可以处违法经营额百分之二十以下的罚款，没有违法经营额或者违法经营额不足五万元的，可以处一万元以下的罚款
│   ├── 对商标局决定不服的救济渠道的规定
│   └── 撤销注册商标决定生效时间及被撤销商标的商标专用权终止日期
├── 注册商标专用权保护
│   ├── 注册商标的专用权，以核准注册的商标和核定使用的商品为限
│   ├── 关于侵犯注册商标专用权行为的规定
│   ├── 将他人注册商标、未注册的驰名商标作为企业名称中的字号使用，误导公众，构成不正当竞争行为的，依照《中华人民共和国反不正当竞争法》处理
│   ├── 商标权限制
│   ├── 侵犯商标专用权行为处理
│   ├── 对侵犯注册商标专用权的行为，工商部门有权依法查处；涉嫌犯罪的，应当及时移送司法机关依法处理
│   ├── 工商部门的执法权及执法内容的规定
│   ├── 侵犯商标专用权赔偿数额确定方法
│   ├── 关于不承担赔偿责任的规定
│   └── 为制止侵权行为，在证据可能灭失或者以后难以取得的情况下，商标注册人或者利害关系人可以依法在起诉前向法院申请保全证据
├── 著作权合理使用
├── 表演者使用他人作品演出时对作品著作权人应尽义务
├── 关于表演者对其表演享有权利的规定
├── 关于职务表演的权利归属的规定
├── 著作权人及其权利
├── 著作权归属
└── 著作权法保护客体
    ├── 著作权
    └── 作品的规定
```

知识点精讲

知识点一

《商标法》关于商标使用的管理（了解）

1. 本法所称商标的使用，是指将商标用于商品、商品包装或者容器以及商品交易文书上，或者将商标用于广告宣传、展览以及其他商业活动中，用于识别商品来源的行为。

解读：

本条是关于"使用商标"的定义的规定。

（1）首先明确什么是商标。商标是用来区别一个经营者的品牌或服务和其他经营者的商品或服务的标记。即区分不同经营者之间商铺或服务的标记。例如，"农夫山泉"矿泉水和"娃哈哈"矿泉水。

（2）商标的使用是为了识别商品来源。

（3）商标的使用范围很广，既包括商标用于商品、商品包装或者容器以及商品交易文书上，也包括将商标用于广告宣传、展览以及其他商业活动。例如，"伊利"商标被用于公司生产的牛奶盒上。

2. 商标注册人在使用注册商标的过程中，自行改变注册商标、注册人名义、地址或者其他注册事项的，由地方工商行政管理部门责令限期改正；期满不改正的，由商标局撤销其注册商标。

注册商标成为其核定使用的商品的通用名称或者没有正当理由连续三年不使用的，任何单位或者个人可以向商标局申请撤销该注册商标。商标局应当自收到申请之日起九个月内做出决定。有特殊情况需要延长的，经国务院工商行政管理部门批准，可以延长三个月。

解读：

本条是关于商标注册人不当使用注册商标以及他人撤销注册商标的规定。

（1）商标注册人不当使用注册商标的情形主要包括自行改变注册商标、注册人名义、地址或者其他注册事项。

（2）商标注册人不当使用注册商标面临的处罚是限期改正，期满不改者，由商标局撤销其注册商标。

（3）如何理解"注册商标成为其核定使用的商品的通用名称"？举例来说，"U盘"早期是注册商标，核定使用的商品是计算机存储器，但是后来"U盘"成为计算机存储器的通称，注册商标"U盘"已丧失其标记和区分商品的独特性。此时，他人可以申请撤销"U盘"注册商标。

（4）注册商标无正当理由连续三年不使用的，其他人可以向商标局申请撤销该注册商标。这个不难理解，此条款目的在于促使商标权利人积极使用注册商标，激活商标资源，清理闲置商标，强化商标使用功能。

3. 注册商标被撤销、被宣告无效或者期满不再续展的，自撤销、宣告无效或者注销之日起一年内，商标局对与该商标相同或者近似的商标注册申请，不予核准。

解读：

此条是关于注册商标被撤销、被宣告无效或者期满不再续展后相同或类似商标一年内禁止注册的规定。

（1）《商标法》第三十九条规定，注册商标的有效期为十年，自核准注册之日起计算。期满需继续使用的，应在期满前十二个月办理续展手续。

（2）此条款的立法目的是避免市场混乱，保护消费者。如果不设立保护期或隔离期，极有可能导致"旧的注册商标"使用的商品或服务尚未完全退出市场，新的相同或类似的注册商标已投入使用，二者难以区分，容易误导消费者。

4. 违反《商标法》第六条规定的，由地方工商行政管理部门责令限期申请注册，违法经营额五万元以上的，可以处违法经营额百分之二十以下的罚款，没有违法经营额或者违法经营额不足五万元的，可以处一万元以下的罚款。

解读：

《商标法》第六条规定，法律、行政法规规定必须使用注册商标的商品，必须申请商标注册，未经核准注册的，不得在市场销售。

根据我国法律，烟草是必须注册商标的商品。药品是否必须注册商标目前存在争议。不过，药品监管部门核准注册时会要求申请人药品已注册商标的证明。

5. 对商标局撤销或者不予撤销注册商标的决定，当事人不服的，可以自收到通知之日起十五日内向商标评审委员会申请复审。商标评审委员会应当自收到申请之日起九个月内做出决定，并书面通知当事人。有特殊情况需要延长的，经国务院工商行政管理部门批准，可以延长三个月。当事人对商标评审委员会的决定不服的，可以自收到通知之日起三十日内向人民法院起诉。

解读：

本条是关于对商标局决定不服的救济渠道的规定。

（1）对商标局决定不服，自收到通知之日起十五日内向商标评审委员会申请复审。

（2）对商标评审委员会决定不服，自收到通知之日起三十日内向人民法院起诉。

6. 法定期限届满，当事人对商标局做出的撤销注册商标的决定不申请复审或者对商标评审委员会做出的复审决定不向人民法院起诉的，撤销注册商标的决定、复审决定生效。

被撤销的注册商标，由商标局予以公告，该注册商标专用权自公告之日起终止。

解读：

本条是关于撤销注册商标的决定生效时间及被撤销的注册商标的商标专用权终止日期的规定。第一款应与第五十四条结合起来理解。

（1）法定期限是指第五十四条的十五日申请复审期限和三十日起诉期限。届满后，撤销注册商标的决定、复审决定生效。

（2）商标注册后，核定使用的商品就具备独属性。也就是说，商标注册人享有注册商标专用权，他人非经许可不得擅自使用注册商标。

一旦注册商标被撤销，则该注册商标专用权自公告之日起终止。

知识点二

注册商标专用权的保护的规定（了解）

1. 注册商标的专用权，以核准注册的商标和核定使用的商品为限。

解读：

本条是关于注册商标专用权的保护范围的规定。保护范围就是以核准注册的商标和核定使用的商品为限。

2. 有下列行为之一的，均属侵犯注册商标专用权：

（1）未经商标注册人的许可，在同一种商品上使用与其注册商标相同的商标的；

（2）未经商标注册人的许可，在同一种商品上使用与其注册商标近似的商标，或者在类似商品上使用与其注册商标相同或者近似的商标，容易导致混淆的；

（3）销售侵犯注册商标专用权的商品的；

（4）伪造、擅自制造他人注册商标标识或者销售伪造、擅自制造的注册商标标识的；

（5）未经商标注册人同意，更换其注册商标并将该更换商标的商品又投入市场的；

（6）故意为侵犯他人商标专用权行为提供便利条件，帮助他人实施侵犯商标专用权行为的；

（7）给他人的注册商标专用权造成其他损害的。

解读：

本条是关于侵犯注册商标专用权行为的规定。所谓注册商标专用权行为，是指一切损害他人已注册商标权益的行为。本条采用"前六条列举＋最后兜底"的形式规定什么行为属于侵犯注册商标专用权。第（1）项、第（2）项不难理解，主要说明一下第（3）项到第（6）项。

（1）销售侵犯注册商标专用权的商品的，构成侵犯注册商标专用权。侵权主体由生产者扩大到销售者。不论是生产者自行生产并销售还是委托他人销售，其后果均是混淆了商品的来源，侵害了消费者的权益。

（2）伪造、擅自制造他人注册商标标识或者销售伪造、擅自制造的注册商标标识的，属侵犯注册商标专用权的行为。第（3）项可理解为生产和销售侵犯注册商标专用权的商品，本项则是未经许可生产和销售注册商标标识。

具体而言，"伪造"是指没有经过注册商标权利人的同意或者许可，模仿已注册商标，制造与已注册商标标识相同或类似的商标标识。所谓"擅自制造"，是指没有经过他人同意或者许可，制作他人注册商标标识。擅自制造常见的侵权行为是在受委托制作已注册商标标识时，未经权利人同意，又私自加印商标标识。销售伪造、擅自制造注册商标标识的行为，是指采用批发、零售等各种方式，销售伪造或者擅自制造的他人注册商标标识。

（3）未经商标注册人同意，更换其注册商标并将该更换商标的商品又投入市场的，构成侵犯注册商标专用权。本条理解起来就是"偷梁换柱"、以假乱真，混淆商品来源，误导消费者，侵犯消费者知情权。

（4）第（6）项就是帮助他人侵犯注册商标专用权，同样构成侵权。

3. 将他人注册商标、未注册的驰名商标作为企业名称中的字号使用，误导公众，构成不正当竞争行为的，依照《中华人民共和国反不正当竞争法》处理。

解读：

本条是关于将他人注册商标或者未注册驰名商标作为企业名称中字号使用依照不正当竞争行为处理的规定。

商标是区别不同商品或者服务来源的标志，由文字、图形、字母、数字、三维标志、颜色等要素组合构成。

企业名称则是区别不同市场主体的标志。企业如果使用他人已注册商标、未注册的驰名商标作为企业字号可能导致消费者混淆，产生认识错误，进而可能侵犯他人合法权益。

4. 注册商标中含有的本商品的通用名称、图形、型号，或者直接表示商品的质量、主要原料、功能、用途、重量、数量及其他特点，或者含有的地名，注册商标专用权人无权禁止他人正当使用。

三维标志注册商标中含有的商品自身的性质产生的形状，为获得技术效果而需有的商品形状或者使商品具有实质性价值的形状，注册商标专用权人无权禁止他人正当使用。

商标注册人申请商标注册前，他人已经在同一种商品或者类似商品上先于商标注册人使用与注册商标相同或者近似并有一定影响的商标的，注册商标专用权人无权禁止该使用人在原使用范围内继续使用该商标，但可以要求其附加适当区别标识。

解读：

本条是关于注册商标专用权人权利限制（又称商标权限制）的规定。

（1）关于第一款的规定。商标是区别商品来源的标记，识别性是商标的基本功能，由此决定了法律对商标的基本要求是其应当具有显著特征，方便社会公众识别。如果一件商品仅仅有本商品的通用名称、图形、型号的，仅直接表示商品的质量、主要原料、功能、用途、重量、数量及其他特点的，以及其他缺乏显著特征的标志，不得作为商标注册。如果这些标志，经过使用变得显著，方便区分识别的，则可以作为商标注册。那么，原本属于社会成员自由使用的社会公共资源，因注册人取得了注册商标专用权而可能产生使用上的冲突。因此，法律有必要对商标权做出限制，也即注册商标专用权人无权禁止他人正当使用第一款所列的那些标志或特征。

（2）关于第二款的规定。三维标志又称立体标志，是主要通过形状来表示的一种标志。如果以三维标志申请注册商标的，仅由商品自身的性质产生的形状，为获得技术效果而需有的商品形状或者使商品具有实质性价值的形状，不得注册。但是，如果上述形状再结合其他要素组合成新的标志，则可以作为商标进行注册。那么，可能原本属于社会成员自由使用的社会公共资源，就会因注册人取得了注册商标专用权而产生使用上的冲突。因此，法律上有必要对商标权做出限制，也即注册商标专用权人无权禁止他人正当使用第二款所列之情形。

（3）关于第三款的规定。第三款规定简称"保护在先权利"，是商标法律制度中的一项重要原则。依照本款规定，申请商标注册不得损害他人现有的在先权利，也不得以不正当手段抢先注册他人已经使用并有一定影响的商标。

我国实行自愿为主，强制为辅的商标注册制度。强制商标注册仅限于极少数商品，如烟草。绝大部分商品所使用的商标，由当事人自愿申请商标注册。正是因为以自愿申请为主，民众法律意识淡薄，导致我国存在大量未注册商标。法律允许使用未注册的商标，且不能因为后来被人注册了相同或者近似的商标，就不能再继续使用了。因此，在法律上有必要对这种情形下的注册商标专用权人的权利做出限制，也即本款所列的情形，但是注册商标专用权人可以要求使用者附加适当区别标识。

5. 有《商标法》第五十七条所列侵犯注册商标专用权行为之一，引起纠纷的，由当事人协商解决；不愿协商或者协商不成的，商标注册人或者利害关系人可以向人民法院起诉，也可以请求工商行政管理部门处理。

工商行政管理部门处理时，认定侵权行为成立的，责令立即停止侵权行为，没收、销毁侵权商品和主要用于制造侵权商品、伪造注册商标标识的工具，违法经营额五万元以上的，可以处违法经营额五倍以下的罚款，没有违法经营额或者违法经营额不足五万元的，可以处二十五万元以下的罚款。对五年内实施两次以上商标侵权行为或者有其他严重情节的，应当从重处罚。销售不知道是侵犯注册商标专用权的商品，能证明该商品是自己合法取得并说明提供者的，由工商行政管理部门责令停止销售。

对侵犯商标专用权的赔偿数额的争议，当事人可以请求进行处理的工商行政管理部门调解，也可以依照《中华人民共和国民事诉讼法》向人民法院起诉。经工商行政管理部门调解，当事人未达成协议或者调解书生效后不履行的，当事人可以依照《中华人民共和国民事诉讼法》向人民法院起诉。

解读：

本条是关于侵犯商标专用权行为如何处理的规定。

（1）协商优先。协商不成，可以选择向法院起诉或请求工商行政管理部门处理。注意，这里表述是协商优先，不要认为协商是前置必经程序，当事人是可以直接向人民法院起诉的。

（2）工商行政管理部门处理时，如认定侵权行为成立，应根据具体情节分别作出处理：

①责令立即停止侵权行为。责令停止侵权行为不是行政处罚，但如果不停止侵权行为，可能导致更严重的处罚。

②没收、销毁侵权商品和相关工具。没收属于行政处罚措施，当事人不服，可以提起行政诉讼。

③罚款。罚款属于行政处罚措施，当事人不服，可以提起行政诉讼。根据本款规定，违法经营额五万元以上的，可以处违法经营额五倍以下的罚款，没有违法经营额或者违法经营额不足五万元的，可以处二十五万元以下的罚款。同时，对五年内实施两次以上商标侵权行为或者有其他严重情节的，应当从重处罚。另外，销售不知道是侵犯注册商标专用权的商品，能证明该商品是自己合法取得并说明提供者的，证明不是主观故意且说明提供者（提供上游信息），情节较轻，责令其停止销售即可。

（3）当事人对侵犯商标专用权的赔偿数额有争议，可以协商、由工商行政管理部门调解、起诉确定具体赔偿数额。

6. 对侵犯注册商标专用权的行为，工商行政管理部门有权依法查处；涉嫌犯罪的，应当及时移送司法机关依法处理。

7. 县级以上工商行政管理部门根据已经取得的违法嫌疑证据或者举报，对涉嫌侵犯他人注册商标专用权的行为进行查处时，可以行使下列职权：
（1）询问有关当事人，调查与侵犯他人注册商标专用权有关的情况。
（2）查阅、复制当事人与侵权活动有关的合同、发票、账簿以及其他有关资料。
（3）对当事人涉嫌从事侵犯他人注册商标专用权活动的场所实施现场检查。
（4）检查与侵权活动有关的物品；对有证据证明是侵犯他人注册商标专用权的物品，可以查封或者扣押。

工商行政管理部门依法行使前款规定的职权时，当事人应当予以协助、配合，不得拒绝、阻挠。

在查处商标侵权案件过程中，对商标权属存在争议或者权利人同时向人民法院提起商标侵权诉讼的，工商行政管理部门可以中止案件的查处。中止原因消除后，应当恢复或者终结案件查处程序。

解读：

本条及上一条是关于工商行政管理部门的执法权及执法内容的规定。内容不难理解，需要注意的是本条最后一款关于行政执法权与司法权的衔接问题。如果工商行政管理部门在处理商标侵权案件过程中遇到当事人向法院提起诉讼，可以中止处理。注意，表述是"可以"不是"应当"，也就是说，工商行政管理部门可以继续查处。额外说明一下，法律条文经常使用"可以""应当"，二者显然具有不同含义。"应当"一般是必须，带有强制性，"可以"则表示有选择。

8. 侵犯商标专用权的赔偿数额，按照权利人因被侵权所受到的实际损失确定；实际损失难以确定的，可以按照侵权人因侵权所获得的利益确定；权利人的损失或者侵权人获得的利益难以确定的，参照该商标许可使用费的倍数合理确定。对恶意侵犯商标专用权，情节严重的，可以在按照上述方法确定数额的一倍以上五倍以下确定赔偿数额。赔偿数额应当包括权利人为制止侵权行为所支付的合理开支。

人民法院为确定赔偿数额，在权利人已经尽力举证，而与侵权行为相关的账簿、资料主要由侵权人掌握的情况下，可以责令侵权人提供与侵权行为相关的账簿、资料；侵权人不提供或者提供虚假的账簿、资料的，人民法院可以参考权利人的主张和提供的证据判定赔偿数额。

权利人因被侵权所受到的实际损失、侵权人因侵权所获得的利益、注册商标许可使用费难以确定的，由人民法院根据侵权行为的情节判决给予五百万元以下的赔偿。

人民法院审理商标纠纷案件，应权利人请求，对属于假冒注册商标的商品，除特殊情况外，责令销毁；对主要用于制造假冒注册商标的商品的材料、工具，责令销毁，且不予补偿；或者在特殊情况下，责令禁止前述材料、工具进入商业渠道，且不予补偿。

假冒注册商标的商品不得在仅去除假冒注册商标后进入商业渠道。

解读：

本条是关于侵犯商标专用权赔偿数额确定方法的规定。

根据本条的规定，侵犯注册商标专用权的赔偿数额，按照如下顺序和方法确定。

（1）按"实际损失"确定赔偿数额。以实际损失确定赔偿数额是合理的，但问题在于商标侵权案件常常难以确定实际损失。因此要用其他方法确定赔偿数额。本条第一款最后一句规定，赔偿数额包括合理开支，根据最高人民法院司法解释，合理开支包括调查取证费用、合理的律师费用。

（2）按照侵权人因侵权所获得的利益确定。一般来说就是商品销售数量乘以售价，并根据成本价计算出销售利润。

（3）参照"商标许可使用费的倍数"确定赔偿数额。

（4）由法院"参考权利人的主张和提供的证据"判定赔偿数额。

（5）由人民法院行使自由裁量权酌情确定。在权利人因被侵权所受到的实际损失、侵权人因侵权所获得的利益、注册商标许可使用费、参考权利人的主张和提供的证据均难以确定赔偿数额的情况下，由人民法院根据侵权行为的情节判决给予五百万元以下的赔偿。不得拒绝裁判是人民法院审理案件的重要原则，不能因赔偿数额无法确定就不裁判。

9. 注册商标专用权人请求赔偿，被控侵权人以注册商标专用权人未使用注册商标提出抗辩的，人民法院可以要求注册商标专用权人提供此前三年内实际使用该注册商标的证据。注册商标专用权人不能证明此前三年内实际使用过该注册商标，也不能证明因侵权行为受到其他损失的，被控侵权人不承担赔偿责任。

销售不知道是侵犯注册商标专用权的商品，能证明该商品是自己合法取得并说明提供者的，不承担赔偿责任。

解读：

本条是关于不承担赔偿责任的规定。此条可结合《商标法》第四十九条一起理解和学习。

（1）《商标法》第四十九条的规定简称"撤三"，是指注册商标专用权人如无正当理由连续三年未使用注册商标，其他人可申请撤销商标注册。因此，如诉讼中被控侵权人提出"撤三"抗辩，法院转而要求注册商标专用权人提供此前三年内实际使用该注册商标的证据，如无法提供，又不能证明因侵权行为受到其他损失的，被控侵权人不承担赔偿责任。这是第一种不承担责任的情形。

（2）第二种不承担责任情形是销售者不知道侵权商品且证明合法取得并说明提供者的。其法律逻辑在于：根据《商标法》第五十七条第（三）项的规定，销售侵犯注册商标专用权的商品构成侵犯注册商标专用权，属于侵权行为。侵权行为是以过错责任为原则，就是说你主观上存在过错（包括故意或过失），才构成侵权并承担责任，如果没有过错则无须承担责任。本条规定的情形是销售者不知道是侵权商品且证明为合法取得并能说明提供者的，也即根据具体案情销售者不知道或者不应当知道自己所销售的商品侵犯他人注册商标专用权，不存在主观过错（包括故意或过失），也就不承担责任。

另外，说明提供者是指需要说明进货商品的提供者的姓名或者名称、住所以及其他线索，并经查证属实，并不是随意提供张三或李四的姓名就可以。

10. 商标注册人或者利害关系人有证据证明他人正在实施或者即将实施侵犯其注册商标专用权的行为，如不及时制止将会使其合法权益受到难以弥补的损害的，可以依法在起诉前向人民法院申请采取责令停止有关行为和财产保全的措施。

解读：

本条是关于商标注册人或者利害关系人诉前向法院申请行为保全和财产保全措施

的规定。

11. 为制止侵权行为，在证据可能灭失或者以后难以取得的情况下，商标注册人或者利害关系人可以依法在起诉前向人民法院申请保全证据。

解读：

本条是关于商标注册人或者利害关系人诉前向法院申请证据保全措施的规定。与上一条结合在一起，就是商标注册人或者利害关系人诉前行为保全、财产保全、证据保全制度。

12. 未经商标注册人许可，在同一种商品上使用与其注册商标相同的商标，构成犯罪的，除赔偿被侵权人的损失外，依法追究刑事责任。

伪造、擅自制造他人注册商标标识或者销售伪造、擅自制造的注册商标标识，构成犯罪的，除赔偿被侵权人的损失外，依法追究刑事责任。

销售明知是假冒注册商标的商品，构成犯罪的，除赔偿被侵权人的损失外，依法追究刑事责任。

解读：

本条是关于侵犯注册商标专用权行为的刑事责任的规定。

与注册商标相关的刑事犯罪罪名有三个：假冒注册商标犯罪（《刑法》第二百一十三条），销售假冒注册商标的商品罪（《刑法》第二百一十四条），非法制造、销售非法制造的注册商标标识罪（《刑法》第二百一十五条）。

另外，很多人错误地认为，构成犯罪承担刑事责任后民事赔偿责任就免除了。其实，民事责任和刑事责任是并行不悖的，法律上有刑事附带民事诉讼，可见二者是可以叠加的。

知识点三

《著作权法》关于保护客体的规定（了解）

1. 中国公民、法人或者非法人组织的作品，不论是否发表，依照本法享有著作权。

外国人、无国籍人的作品根据其作者所属国或者经常居住地国同中国签订的协议或者共同参加的国际条约享有的著作权，受本法保护。

外国人、无国籍人的作品首先在中国境内出版的，依照本法享有著作权。

未与中国签订协议或者共同参加国际条约的国家的作者以及无国籍人的作品首次在中国参加的国际条约的成员国出版的，或者在成员国和非成员国同时出版的，受本法保护。

解读：

本条是关于享有著作权的规定。

（1）著作权是指自然人、法人或者其他组织对文学、艺术和科学作品享有的财产权利和精神权利的总称。

（2）我国的自然人、法人、非法人组织享有著作权不以作品是否发表为前提，创作的作品都享有著作权，外国人就需要先发表。

（3）二、三、四款讲述的是著作权保护原则。

（4）外国人的作品，不在成员国发表的作品，是不受我国《著作权法》保护的。

2.《著作权法》所称的作品，是指文学、艺术和科学领域内具有独创性并能以一定形式表现的智力成果，包括：

（1）文字作品；

（2）口述作品；

（3）音乐、戏剧、曲艺、舞蹈、杂技艺术作品；

（4）美术、建筑作品；

（5）摄影作品；

（6）视听作品；

（7）工程设计图、产品设计图、地图、示意图等图形作品和模型作品；

（8）计算机软件；

（9）符合作品特征的其他智力成果。

解读：

本条是关于作品的规定。

（1）作品的定义是指文学、艺术和科学领域内具有独创性，并能以一定形式表现的智力成果。

（2）第二款采用列举的方式列举了作品的类型。

知识点四

关于著作权人及其权利的规定（了解）

1. 著作权人包括：

（1）作者；

（2）其他依照《著作权法》享有著作权的自然人、法人或者非法人组织。

解读：

本条是关于著作权人的规定。

通俗的理解作者就是著作权人。作品还有受托创作的、职务创作的，所以著作权人还包括法人或者非法人组织。

2. 著作权包括下列人身权和财产权：

（1）发表权，即决定作品是否公之于众的权利；

（2）署名权，即表明作者身份，在作品上署名的权利；

（3）修改权，即修改或者授权他人修改作品的权利；

（4）保护作品完整权，即保护作品不受歪曲、篡改的权利；

（5）复制权，即以印刷、复印、拓印、录音、录像、翻录、翻拍、数字化等方式将作品制作一份或者多份的权利；

（6）发行权，即以出售或者赠与方式向公众提供作品的原件或者复制件的权利；

（7）出租权，即有偿许可他人临时使用视听作品、计算机软件的原件或者复制件的权利，计算机软件不是出租的主要标的的除外；

（8）展览权，即公开陈列美术作品、摄影作品的原件或者复制件的权利；

（9）表演权，即公开表演作品，以及用各种手段公开播送作品的表演的权利；

（10）放映权，即通过放映机、幻灯机等技术设备公开再现美术、摄影、视听作品等的权利；

（11）广播权，即以有线或者无线方式公开传播或者转播作品，以及通过扩音器或者其他传送符号、声音、图像的类似工具向公众传播广播的作品的权利，但不包括本款第十二项规定的权利；

（12）信息网络传播权，即以有线或者无线方式向公众提供，使公众可以在其选定的时间和地点获得作品的权利；

（13）摄制权，即以摄制视听作品的方法将作品固定在载体上的权利；

（14）改编权，即改编作品，创作出具有独创性的新作品的权利；

（15）翻译权，即将作品从一种语言文字转换成另一种语言文字的权利；

（16）汇编权，即将作品或者作品的片段通过选择或者编排，汇集成新作品的权利；

（17）应当由著作权人享有的其他权利。

著作权人可以许可他人行使前款第（5）项至第（17）项规定的权利，并依照约定或者本法有关规定获得报酬。

著作权人可以全部或者部分转让本条第一款第（5）项至第（17）项规定的权利，并依照约定或者本法有关规定获得报酬。

解读：

本条是关于著作权所包括的权利内容。

（1）主要分为人身权和财产权。著作权中的人身权是不可转让的，财产权是可以转让的。

（2）人身权权利：发表权、署名权、修改权、保护作品完整权；财产权权利：复制权、发行权、出租权、展览权、表演权、放映权、广播权、信息网络传播权、摄制权、改编权、翻译权、汇编权、应当由著作权人享有的其他权利。

知识点五

关于著作权归属的规定（了解）

1. 著作权属于作者，《著作权法》另有规定的除外。

创作作品的自然人是作者。

由法人或者非法人组织主持，代表法人或者非法人组织意志创作，并由法人或者非法人组织承担责任的作品，法人或者非法人组织视为作者。

解读：

本条是关于作者的规定。

作者可以是自然人，也可以是单位（法人或非法人组织）。注意，单位要成为作者，重要条件是创作由法人或非法人组织主持，并需要承担创作作品的法律责任。

2. 在作品上署名的自然人、法人或者非法人组织为作者，且该作品上存在相应权利，但有相反证明的除外。

作者等著作权人可以向国家著作权主管部门认定的登记机构办理作品登记。

与著作权有关的权利参照适用前两款规定。

解读：

本条关于作者认定的规定。

（1）作者一般是以署名作为认定原则。

（2）作者可以通过向主管部门办理登记进行认定。

3. 改编、翻译、注释、整理已有作品而产生的作品，其著作权由改编、翻译、注释、整理人享有，但行使著作权时不得侵犯原作品的著作权。

解读：

本条是关于改编、翻译、注释、整理已有作品而产生的作品的规定。

（1）改编、翻译、注释、整理而产生作品是新的作品，具有新的著作权。

（2）新产生的作品不得侵犯原作品的著作权，即需要取得原著作权人同意。

4. 两人以上合作创作的作品，著作权由合作作者共同享有。没有参加创作的人，不能成为合作作者。

合作作品的著作权由合作作者通过协商一致行使；不能协商一致，又无正当理由的，任何一方不得阻止他方行使除转让、许可他人专有使用、出质以外的其他权利，但是所得收益应当合理分配给所有合作作者。

合作作品可以分割使用的，作者对各自创作的部分可以单独享有著作权，但行使著作权时不得侵犯合作作品整体的著作权。

解读：

本条是关于合作创作的规定。

（1）合作作品的著作权由合作作者通过协商一致处理、行使，合作作品的收益是由著作权人共同享有的。

（2）作者必须是共同创作的人，但是著作权人不需要是共同创作的人。

5. 汇编若干作品、作品的片段或者不构成作品的数据或者其他材料，对其内容的选择或者编排体现独创性的作品，为汇编作品，其著作权由汇编人享有，但行使著作权时，不得侵犯原作品的著作权。

解读：

本条是关于汇编作品的规定。

（1）汇编而产生作品是新的作品，具有新的著作权。

（2）汇编作品的著作权由汇编人享有，但是不得侵犯原作品的著作权，即需要取得同意。

6. 使用改编、翻译、注释、整理、汇编已有作品而产生的作品进行出版、演出和制作录音录像制品，应当取得该作品的著作权人和原作品的著作权人许可，并支付报酬。

解读：

本条是关于应当向原著作权人支付报酬获得许可的规定。

（1）改编、翻译、注释、整理、汇编已有作品而产生的作品，不同于独立完全自行创作作品发表不需要征得任何人同意，新作品的出版、演出和制作录音录像制品都涉及原著作权人。

（2）必须取得该作品的著作权人和原作品的著作权人许可，并支付报酬。

7. 视听作品中的电影作品、电视剧作品的著作权由制作者享有，但编剧、导演、摄影、作词、作曲等作者享有署名权，并有权按照与制作者签订的合同获得报酬。

前款规定以外的视听作品的著作权归属由当事人约定；没有约定或者约定不明确的，由制作者享有，但作者享有署名权和获得报酬的权利。

视听作品中的剧本、音乐等可以单独使用的作品的作者有权单独行使其著作权。

解读：

本条是关于电影作品、电视剧作品的著作权、署名权和报酬取得权的规定。

（1）电影作品、电视剧作品的著作权由制片人享有。

（2）非电影作品、电视剧作品等视听作品的著作权归属由当事人约定，如短视频。

（3）编剧、导演、摄影、作词、作曲等作者，不属于著作权人，但享有署名权和获得报酬权。

（4）剧本和音乐等单独作品，可以享有单独的著作权。

知识点六

关于著作权合理使用的规定（了解）

1. 自然人为完成法人或者非法人组织工作任务所创作的作品是职务作品，除本条第二款的规定以外，著作权由作者享有，但法人或者非法人组织有权在其业务范围内优先使用。作品完成两年内，未经单位同意，作者不得许可第三人以与单位使用的相同方式使用该作品。

有下列情形之一的职务作品，作者享有署名权，著作权的其他权利由法人或者非法人组织享有，法人或者非法人组织可以给予作者奖励：

（1）主要是利用法人或者非法人组织的物质技术条件创作，并由法人或者非法人组织承担责任的工程设计图、产品设计图、地图、示意图、计算机软件等职务作品；

（2）报社、期刊社、通讯社、广播电台、电视台的工作人员创作的职务作品；

（3）法律、行政法规规定或者合同约定著作权由法人或者非法人组织享有的职务作品。

解读：

本条是关于职务作品的规定。

（1）职务作品一般由作者享有著作权，法人或者非法人组织有权在其业务范围内优先使用。

（2）注意两年期限，作品完成两年内，未经单位同意，作者不得许可第三人以与单位使用的相同方式使用该作品。

2. 受委托创作的作品，著作权的归属由委托人和受托人通过合同约定。合同未作明确约定或者没有订立合同的，著作权属于受托人。

解读：

本条是关于受委托创作作品的规定。

受托作品的著作权可以通过合同约定，没有约定时属于受托人（作者）。

知识点七

关于表演者使用他人作品演出时对作品著作权人应尽义务的规定（了解）

使用他人作品演出，表演者应当取得著作权人许可，并支付报酬。演出组织者组织演出，由该组织者取得著作权人许可，并支付报酬。

解读：

本条是关于使用他人作品演出的规定。

（1）著作权人享有许可他人使用和取得报酬的权利。

（2）演出组织者组织的，由演出组织者取得许可，并非由表演者去获得许可，组织者责任比较重大。

知识点八

关于表演者对其表演享有权利的规定（了解）

表演者对其表演享有下列权利：

（1）表明表演者身份；

（2）保护表演形象不受歪曲；

（3）许可他人从现场直播和公开传送其现场表演，并获得报酬；

（4）许可他人录音录像，并获得报酬；

（5）许可他人复制、发行、出租录有其表演的录音录像制品，并获得报酬；

（6）许可他人通过信息网络向公众传播其表演，并获得报酬。

被许可人以前款第（3）项至第（6）项规定的方式使用作品，还应当取得著作权人许可，并支付报酬。

解读：

本条是关于表演者的规定和享有的权利。

（1）表演者对其表演作品享有著作权，但是表演者获得报酬的同时，需经过原著作权人的许可和同意。

（2）演出组织者组织的，由演出组织者负责获得许可和支付报酬。

知识点九

关于职务表演的权利归属的规定（了解）

演员为完成本演出单位的演出任务进行的表演为职务表演，演员享有表明身份和保护表演形象不受歪曲的权利，其他权利归属由当事人约定。当事人没有约定或者约定不明确的，职务表演的权利由演出单位享有。

职务表演的权利由演员享有的，演出单位可以在其业务范围内免费使用该表演。

解读：

本条是关于职务表演的规定。

（1）演员为完成本演出单位的演出任务进行的表演为职务表演。

（2）职务表演并无报酬取得的权利，也无授权许可他人使用的权利。

第十章
外国人在中国就业法律制度

1. 考试大纲

了解《出境入境管理法》《外国人入境出境管理条例》《外国人在中国就业管理规定》关于外国人入境出境、停留居留、调查和遣返，外国人及外国人在中国就业的定义，就业许可申请与审批，劳动管理，不予签发签证的情形，外国人不准入境的情形的规定。

2. 大纲解读

序号	主要内容	考纲要求
1	《出境入境管理法》《外国人入境出境管理条例》《外国人在中国就业管理规定》关于外国人入境出境、停留居留、调查和遣返的规定	了解
2	外国人及外国人在中国就业的定义	了解
3	就业许可申请与审批	了解
4	劳动管理	了解
5	不予签发签证的情形	了解
6	外国人不准入境的情形的规定	了解

3. 思维导图

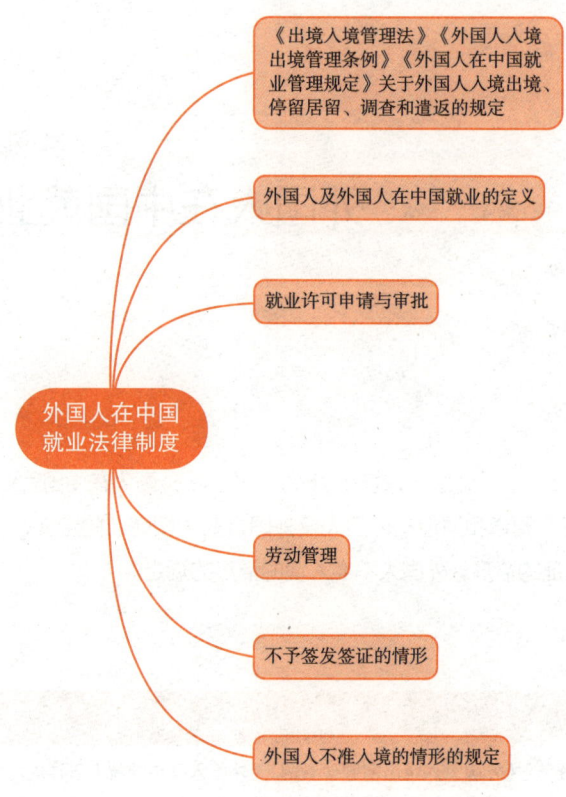

知 识 点 精 讲

知识点一

《出境入境管理法》《外国人入境出境管理条例》《外国人在中国就业管理规定》关于外国人入境出境、停留居留、调查和遣返的规定（了解）

1. 出入境

（1）外国人入境，应当向出入境边防检查机关交验本人的护照或者其他国际旅行证件、签证或者其他入境许可证明，履行规定的手续，经查验准许，方可入境。

（2）外国人有下列情形之一的，不准入境：①未持有效出境入境证件或者拒绝、逃避接受边防检查的；②具有《出境入境管理法》第二十一条第一款第一项至第四项规定情形的；③入境后可能从事与签证种类不符的活动的；④法律、行政法规规定不准入境的其他情形。对不准入境的，出入境边防检查机关可以不说明理由。

（3）对未被准许入境的外国人，出入境边防检查机关应当责令其返回；对拒不返回的，强制其返回。外国人等待返回期间，不得离开限定的区域。

（4）外国人出境，应当向出入境边防检查机关交验本人的护照或者其他国际旅行证件等出境入境证件，履行规定的手续，经查验准许，方可出境。

（5）外国人有下列情形之一的，不准出境：

①被判处刑罚尚未执行完毕或者属于刑事案件被告人、犯罪嫌疑人的，但是按照中国与外国签订的有关协议，移管被判刑人的除外；②有未了结的民事案件，人民法院决定不准出境的；③拖欠劳动者的劳动报酬，经国务院有关部门或者省、自治区、直辖市人民政府决定不准出境的；④法律、行政法规规定不准出境的其他情形。

2. 停留和居留

（1）外国人所持签证注明的停留期限不超过180日的，持证人凭签证并按照签证注明的停留期限在中国境内停留。需要延长签证停留期限的，应当在签证注明的停留期限届满7日前向停留地县级以上地方人民政府公安机关出入境管理机构申请，按照要求提交申请事由的相关材料。经审查，延期理由合理、充分的，准予延长停留期限；不予延长停留期限的，应当按期离境。延长签证停留期限，累计不得超过签证原注明的停留期限。

（2）外国人所持签证注明入境后需要办理居留证件的，应当自入境之日起30日内，向拟居留地县级以上地方人民政府公安机关出入境管理机构申请办理外国人居留证件。申请办理外国人居留证件，应当提交本人的护照或者其他国际旅行证件，以及申请事由的相关材料，并留存指纹等人体生物识别信息。公安机关出入境管理机构应当自收到申请材料之日起15日内进行审查并作出审查决定，根据居留事由签发相应类别和期限的外国人居留证件。外国人工作类居留证件的有效期最短为90日，最长为5年；非工作类居留证件的有效期最短为180日，最长为5年。

（3）外国人有下列情形之一的，不予签发外国人居留证件：①所持签证类别属于不应办理外国人居留证件的；②在申请过程中弄虚作假的；③不能按照规定提供相关证明材料的；④违反中国有关法律、行政法规，不适合在中国境内居留的；⑤签发机关认为不宜签发外国人居留证件的其他情形。符合国家规定的专门人才、投资者或者出于人道等原因确需由停留变更为居留的外国人，经设区的市级以上地方人民政府公安机关出入境管理机构批准可以办理外国人居留证件。

（4）在中国境内居留的外国人申请延长居留期限的，应当在居留证件有效期限届满30日前向居留地县级以上地方人民政府公安机关出入境管理机构提出申请，按照要求提交申请事由的相关材料。经审查，延期理由合理、充分的，准予延长居留期限；不予延长居留期限的，应当按期离境。

（5）外国人居留证件的登记项目包括：持有人姓名、性别、出生日期、居留事由、居留期限、签发日期、地点、护照或者其他国际旅行证件号码等。

外国人居留证件登记事项发生变更的，持证件人应当自登记事项发生变更之日起10日内向居留地县级以上地方人民政府公安机关出入境管理机构申请办理变更。

（6）免办签证入境的外国人需要超过免签期限在中国境内停留的，外国船员及其随行家属在中国境内停留需要离开港口所在城市，或者具有需要办理外国人停留证件其他情形的，应当按照规定办理外国人停留证件。外国人停留证件的有效期最长为180日。

（7）外国人入境后，所持的普通签证、停留居留证件损毁、遗失、被盗抢或者有符合国家规定的事由需要换发、补发的，应当按照规定向停留居留地县级以上地方人民政府公安机关出入境管理机构提出申请。

（8）公安机关出入境管理机构作出的不予办理普通签证延期、换发、补发，不予办理外国人停留居留证件、不予延长居留期限的决定为最终决定。

（9）外国人在中国境内停留居留，不得从事与停留居留事由不相符的活动，并应当在规定的停留居留期限届满前离境。

（10）年满16周岁的外国人在中国境内停留居留，应当随身携带本人的护照或者其他国际旅行证件，或者外国人停留居留证件，接受公安机关的查验。在中国境内居留的外国人，应当在规定的时间内到居留地县级以上地方人民政府公安机关交验外国人居留证件。

（11）外国人在中国境内旅馆住宿的，旅馆应当按照旅馆业治安管理的有关规定为其办理住宿登记,并向所在地公安机关报送外国人住宿登记信息。外国人在旅馆以外的其他住所居住或者住宿的,应当在入住后 24 小时内由本人或者留宿人,向居住地的公安机关办理登记。

(12) 在中国境内出生的外国婴儿,其父母或者代理人应当在婴儿出生 60 日内,持该婴儿的出生证明到父母停留居留地县级以上地方人民政府公安机关出入境管理机构为其办理停留或者居留登记。外国人在中国境内死亡的,其家属、监护人或者代理人,应当按照规定,持该外国人的死亡证明向县级以上地方人民政府公安机关出入境管理机构申报,注销外国人停留居留证件。

(13) 外国人在中国境内工作,应当按照规定取得工作许可和工作类居留证件。任何单位和个人不得聘用未取得工作许可和工作类居留证件的外国人。外国人在中国境内工作管理办法由国务院规定。

(14) 国务院人力资源社会保障主管部门、外国专家主管部门会同国务院有关部门根据经济社会发展需要和人力资源供求状况,制定并定期调整外国人在中国境内工作指导目录。国务院教育主管部门会同国务院有关部门建立外国留学生勤工助学管理制度,对外国留学生勤工助学的岗位范围和时限作出规定。

(15) 外国人有下列行为之一的,属于非法就业:①未按照规定取得工作许可和工作类居留证件在中国境内工作的;②超出工作许可限定范围在中国境内工作的;③外国留学生违反勤工助学管理规定,超出规定的岗位范围或者时限在中国境内工作的。

(16) 根据维护国家安全、公共安全的需要,公安机关、国家安全机关可以限制外国人、外国机构在某些地区设立居住或者办公场所;对已经设立的,可以限期迁离。未经批准,外国人不得进入限制外国人进入的区域。

(17) 聘用外国人工作或者招收外国留学生的单位,应当按照规定向所在地公安机关报告有关信息。公民、法人或者其他组织发现外国人有非法入境、非法居留、非法就业情形的,应当及时向所在地公安机关报告。

(18) 申请难民地位的外国人,在难民地位甄别期间,可以凭公安机关签发的临时身份证明在中国境内停留;被认定为难民的外国人,可以凭公安机关签发的难民身份证件在中国境内停留居留。

(19) 对中国经济社会发展作出突出贡献或者符合其他在中国境内永久居留条件的外国人,经本人申请和公安部批准,取得永久居留资格。外国人在中国境内永久居留的审批管理办法，由公安部、外交部会同国务院有关部门规定。

（20）取得永久居留资格的外国人，凭永久居留证件在中国境内居留和工作，凭本人的护照和永久居留证件出境入境。

（21）外国人有下列情形之一的，由公安部决定取消其在中国境内永久居留资格：①对中国国家安全和利益造成危害的；②被处驱逐出境的；③弄虚作假骗取在中国境内永久居留资格的；④在中国境内居留未达到规定时限的；⑤不适宜在中国境内永久居留的其他情形。

3. 调查和遣返

（1）本章规定的当场盘问、继续盘问、拘留审查、限制活动范围、遣送出境措施，由县级以上地方人民政府公安机关或者出入境边防检查机关实施。

（2）对涉嫌违反出境入境管理的人员，可以当场盘问；经当场盘问，有下列情形之一的，可以依法继续盘问：①有非法出境入境嫌疑的；②有协助他人非法出境入境嫌疑的；③外国人有非法居留、非法就业嫌疑的；④有危害国家安全和利益，破坏社会公共秩序或者从事其他违法犯罪活动嫌疑的。当场盘问和继续盘问应当依据《中华人民共和国人民警察法》规定的程序进行。县级以上地方人民政府公安机关或者出入境边防检查机关需要传唤涉嫌违反出境入境管理的人员的，依照《中华人民共和国治安管理处罚法》的有关规定执行。

（3）外国人有本法第五十九条第一款规定情形之一的，经当场盘问或者继续盘问后仍不能排除嫌疑，需要作进一步调查的，可以拘留审查。实施拘留审查，应当出示拘留审查决定书，并在24小时内进行询问。发现不应当拘留审查的，应当立即解除拘留审查。拘留审查的期限不得超过30日；案情复杂的，经上一级地方人民政府公安机关或者出入境边防检查机关批准可以延长至60日。对国籍、身份不明的外国人，拘留审查期限自查清其国籍、身份之日起计算。

（4）外国人有下列情形之一的，不适用拘留审查，可以限制其活动范围：①患有严重疾病的；②怀孕或者哺乳自己不满1周岁婴儿的；③未满16周岁或者已满70周岁的；④不宜适用拘留审查的其他情形。被限制活动范围的外国人，应当按照要求接受审查，未经公安机关批准，不得离开限定的区域。限制活动范围的期限不得超过60日。对国籍、身份不明的外国人，限制活动范围期限自查清其国籍、身份之日起计算。

（5）外国人有下列情形之一的，可以遣送出境：①被处限期出境，未在规定期限内离境的；②有不准入境情形的；③非法居留、非法就业的；④违反本法或者其他法律、行政法规需要遣送出境的。其他境外人员有前款所列情形之一的，可以依法遣送出境。被遣送出境的人员，自被遣送出境之日起 1 至 5 年内不准入境。

（6）被拘留审查或者被决定遣送出境但不能立即执行的人员，应当羁押在拘留所或者遣返场所。

（7）外国人对依照本法规定对其实施的继续盘问、拘留审查、限制活动范围、遣送出境措施不服的，可以依法申请行政复议，该行政复议决定为最终决定。其他境外人员对依照本法规定对其实施的遣送出境措施不服，申请行政复议的，适用前款规定。

（8）对依法决定不准出境或者不准入境的人员，决定机关应当按照规定及时通知出入境边防检查机关；不准出境、入境情形消失的，决定机关应当及时撤销不准出境、入境决定，并通知出入境边防检查机关。

（9）根据维护国家安全和出境入境管理秩序的需要，必要时，出入境边防检查机关可以对出境入境的人员进行人身检查。人身检查应当由两名与受检查人同性别的边防检查人员进行。

（10）签证、外国人停留居留证件等出境入境证件发生损毁、遗失、被盗抢或者签发后发现持证人不符合签发条件等情形的，由签发机关宣布该出境入境证件作废。伪造、变造、骗取或者被证件签发机关宣布作废的出境入境证件无效。公安机关可以对前款规定的或被他人冒用的出境入境证件予以注销或者收缴。

（11）对用于组织、运送、协助他人非法出境入境的交通运输工具，以及需要作为办案证据的物品，公安机关可以扣押。对查获的违禁物品，涉及国家秘密的文件、资料以及用于实施违反出境入境管理活动的工具等，公安机关应当予以扣押，并依照相关法律、行政法规规定处理。

（12）出境入境证件的真伪由签发机关、出入境边防检查机关或者公安机关出入境管理机构认定。

知识点二

外国人及外国人在中国就业的定义（了解）

外国人，指依照《中华人民共和国国籍法》规定不具有中国国籍的人员。

外国人在中国就业，指没有取得定居权的外国人在中国境内依法从事社会劳动并获取劳动报酬的行为。

解读：

本条是关于外国人和外国人就业的定义。

（1）不具有中国国籍的人是外国人。

（2）没有取得永久居留权，但是在中国境内从事社会劳动并获取劳动报酬。

知识点三

就业许可申请与审批（了解）

凡符合下列条件之一的外国人可免办就业许可证和就业证：

（1）由我国政府直接出资聘请的外籍专业技术和管理人员，或由国家机关和事业单位出资聘请，具有本国或国际权威技术管理部门或行业协会确认的高级技术职称或特殊技能资格证书的外籍专业技术和管理人员，并持有外国专家局签发的《外国专家证》的外国人；

（2）持有《外国人在中华人民共和国从事海上石油作业工作准证》从事海上石油作业、不需登陆、有特殊技能的外籍劳务人员；

（3）经文化部批准持《临时营业演出许可证》进行营业性文艺演出的外国人。

解读：

本条是关于免办就业许可证和就业证的规定。

（1）我国政府、国家机关、事业单位聘请的拥有《外国专家证》且拥有高级技术职称或特殊技能资格证书的外国人。

（2）持有《外国人在中华人民共和国从事海上石油作业工作准证》的外籍劳务人员；

（3）持有文化部批准持《临时营业演出许可证》的外国人；参考《外国人在中国就业管理规定》的第十四条第二、三款规定。

知识点四

劳动管理（了解）

1. 用人单位与被聘用的外国人应依法订立劳动合同。劳动合同的期限最长不得超过五年。劳动合同期限届满即行终止，但按《外国人在中国就业管理规定》第十八条的规定履行审批手续后可以续订。

2. 被聘用的外国人与用人单位签订的劳动合同期满时，其就业证即行失效。如需续订，该用人单位应在原合同期满前 30 日内，向劳动行政部门提出延长聘用时间的申请，经批准并办理就业证延期手续。

3. 外国人被批准延长在中国就业期限或变更就业区域、单位后，应在 10 日内到当地公安机关办理居留证件延期或变更手续。

4. 被聘用的外国人与用人单位的劳动合同被解除后，该用人单位应及时报告劳动、公安部门，交还该外国人的就业证和居留证件，并到公安机关办理出境手续。

5. 用人单位支付所聘用外国人的工资不得低于当地最低工资标准。

6. 在中国就业的外国人的工作时间、休息、休假劳动安全卫生以及社会保险按国家有关规定执行。

7. 外国人在中国就业的用人单位必须与其就业证所注明的单位相一致。外国人在发证机关规定的区域内变更用人单位但仍从事原职业的，须经原发证机关批准，并办理就业证变更手续。外国人离开发证机关规定的区域就业或在原规定的区域内变更用人单位且从事不同职业的，须重新办理就业许可手续。

8. 因违反中国法律被中国公安机关取消居留资格的外国人，用人单位应解除劳动合同，劳动部门应吊销就业证。

9. 用人单位与被聘用的外国人发生劳动争议，应按照《中华人民共和国劳动法》和《中华人民共和国企业劳动争议调解仲裁法》处理。

10. 劳动行政部门对就业证实行年检。用人单位聘用外国人就业每满 1 年，应在期满前 30 日内到劳动行政部门发证机关为被聘用的外国人办理就业证年检手续。逾期未办的，就业证自行失效。外国人在中国就业期间遗失或损坏其就业证的，应立即到原发证机关办理挂失、补办或换证手续。

知识点五

不予签发签证的情形（了解）

外国人有下列情形之一的，不予签发签证：

（1）被处驱逐出境或者被决定遣送出境，未满不准入境规定年限的；

（2）患有严重精神障碍、传染性肺结核病或者有可能对公共卫生造成重大危害的其他传染病的；

（3）可能危害中国国家安全和利益、破坏社会公共秩序或者从事其他违法犯罪活动的；

（4）在申请签证过程中弄虚作假或者不能保障在中国境内期间所需费用的；

（5）不能提交签证机关要求提交的相关材料的；

（6）签证机关认为不宜签发签证的其他情形。

对不予签发签证的，签证机关可以不说明理由。

知识点六

外国人不准入境的情形的规定（了解）

外国人有下列情形之一的，不准入境：

（1）未持有效出境入境证件或者拒绝、逃避接受边防检查的；

（2）具有《出境入境管理法》第二十一条第一款第一项至第四项规定情形的；

（3）入境后可能从事与签证种类不符的活动的；

（4）法律、行政法规规定不准入境的其他情形。

对不准入境的，出入境边防检查机关可以不说明理由。

第十一章

未成年人保护法律制度

1. 考试大纲

掌握《未成年人保护法》关于国家鼓励创作、出版、制作和传播有利于未成年人健康成长的作品，禁止制作、复制、出版、发布、传播危害未成年人身心健康内容的作品，作品包含可能影响未成年人身心健康内容的分类提示，禁止招用童工和对未成年工进行特殊保护的规定。

2. 大纲解读

序号	主要内容	考纲要求
1	关于国家鼓励创作、出版、制作和传播有利于未成年人健康成长内容的规定	掌握
2	关于禁止制作、复制、出版、发布、传播危害未成年人身心健康内容的作品的规定	掌握
3	作品包含可能影响未成年人身心健康内容的分类提示	掌握
4	禁止招用童工和对未成年工进行特殊保护的规定	掌握

3. 思维导图

- **未成年人保护法律制度**
  - 关于国家鼓励创作、出版、制作和传播有利于未成年人健康成长内容的规定
    - 国家鼓励创作、出版、制作和传播有利于未成年人健康成长的文化产物
  - 关于禁止制作、复制、出版、发布、传播危害未成年人身心健康内容的作品的规定
    - 禁止制作、复制、出版、发布、传播危害未成年人身心健康内容的文化产物
  - 作品包含可能影响未成年人身心健康内容的分类提示
    - 任何组织或者个人出版、发布、传播的文化产物或者网络信息，包含可能影响未成年人身心健康内容的，应当以显著方式作出提示
    - 禁止制作、复制、发布、传播或者持有有关未成年人的淫秽色情物品和网络信息
  - 禁止招用童工和对未成年工进行特殊保护的规定
    - 不适宜未成年人活动的场所不得招用已满十六周岁的未成年人
    - 任何组织或者个人不得招用未满十六周岁未成年人，国家另有规定的除外
      - 招用已满十六周岁未成年人的单位和个人应当执行国家的规定，不得安排其从事过重、有毒、有害等危害未成年人身心健康的劳动或者危险作业
    - 任何组织或者个人不得组织未成年人进行危害其身心健康的表演等活动
    - 违反规定的，由新闻出版、广播电视、电影、网信等部门按照职责分工责令限期改正，给予警告，没收违法所得，并按照情节轻重进行罚款
    - 违反规定的，由文化和旅游、人力资源和社会保障、市场监督管理等部门按照职责分工责令限期改正，给予警告，没收违法所得，并按照情节轻重进行罚款

知 识 点 精 讲

知识点一

关于国家鼓励创作、出版、制作和传播有利于未成年人健康成长内容的规定（掌握）

国家鼓励创作、出版、制作和传播有利于未成年人健康成长的图书、报刊、电影、广播电视节目、舞台艺术作品、音像制品、电子出版物和网络信息等。

解读：

本条是关于国家鼓励创作、出版、制作和传播有利于未成年人健康成长内容的规定。

（1）鼓励的事项是有利于未成年人健康成长的内容。

（2）形式的载体包括图书、报刊、电影、广播电视节目、舞台艺术作品、音像制品、电子出版物和网络信息等。

知识点二

关于禁止制作、复制、出版、发布、传播危害未成年人身心健康内容的作品的规定（掌握）

禁止制作、复制、出版、发布、传播含有宣扬淫秽、色情、暴力、邪教、迷信、赌博、引诱自杀、恐怖主义、分裂主义、极端主义等危害未成年人身心健康内容的图书、报刊、电影、广播电视节目、舞台艺术作品、音像制品、电子出版物和网络信息等。

解读：

本条是关于国家禁止制作、复制、出版、发布、传播危害未成年人身心健康内容的规定。

（1）禁止的内容：包括宣扬淫秽、色情、暴力、邪教、迷信、赌博、引诱自杀、恐怖主义、分裂主义、极端主义等。

（2）禁止的原因是其危害未成年人身心健康成长。

（3）形式的载体包括图书、报刊、电影、广播电视节目、舞台艺术作品、音像制品、电子出版物和网络信息等。

知识点三

作品包含可能影响未成年人身心健康内容的分类提示（掌握）

1. 任何组织或者个人出版、发布、传播的图书、报刊、电影、广播电视节目、舞台艺术作品、音像制品、电子出版物或者网络信息，包含可能影响未成年人身心健康内容的，应当以显著方式作出提示。

解读：

本条是关于可能影响未成年人身心健康内容的操作规定。

（1）只要是可能影响，即应当采取以显著方式作出提示，不要求一定存在危害行为。

（2）形式的载体，包括图书、报刊、电影、广播电视节目、舞台艺术作品、音像制品、电子出版物和网络信息等。

（3）说明内容的传递或接收方式，主要是以上载明的方式。

2. 禁止制作、复制、发布、传播或者持有有关未成年人的淫秽色情物品和网络信息。

解读：

本条是信息内容涉及未成年人淫秽色情的禁止性规定。

禁止方式，除了包括制作、复制、发布、传播外，还应特别注意持有含未成年人淫秽色情内容的，也属于禁止的行为。

知识点四

禁止招用童工和对未成年工进行特殊保护的规定（掌握）

1. 任何组织或者个人不得招用未满十六周岁未成年人，国家另有规定的除外。

营业性娱乐场所、酒吧、互联网上网服务营业场所等不适宜未成年人活动的场所不得招用已满十六周岁的未成年人。

招用已满十六周岁未成年人的单位和个人应当执行国家在工种、劳动时间、劳动强度和保护措施等方面的规定，不得安排其从事过重、有毒、有害等危害未成年人身心健康的劳动或者危险作业。

任何组织或者个人不得组织未成年人进行危害其身心健康的表演等活动。经未成年人的父母或者其他监护人同意，未成年人参与演出、节目制作等活动，活动组织方应当根据国家有关规定，保障未成年人合法权益。

解读：

本条是关于禁止使用童工和限制使用未成年人的规定。

（1）《民法典》规定，年满十六周岁的自然人是可以参加工作的，但是不满十六周岁是不允许的，除非特殊行业，如运动员。

（2）特别注意：营业性娱乐场所、酒吧、互联网上网服务营业场所不可以招用未成年人的，《未成年人保护法》认为上述招用单位是不适宜未成年人活动的场所。

（3）即便是经未成年人的父母或者其他监护人同意，也需要符合法律规定，不能损害未成年人的利益和健康。

2.违反《未成年人保护法》第五十条、第五十一条规定的，由新闻出版、广播电视、电影、网信等部门按照职责分工责令限期改正，给予警告，没收违法所得，可以并处十万元以下罚款；拒不改正或者情节严重的，责令暂停相关业务、停产停业或者吊销营业执照、吊销相关许可证，违法所得一百万元以上的，并处违法所得一倍以上十倍以下的罚款，没有违法所得或者违法所得不足一百万元的，并处十万元以上一百万元以下罚款。

解读：

本条是关于实施影响或危害未成年人健康行为所需承担的法律责任。

（1）主管的部门，包括新闻出版、广播电视、电影、网信等部门。

（2）处罚的方式，包括限期改正、警告、罚没违法所得、罚款、责令停产停业、吊销执照等。

（3）第一层级是警告、罚款十万元以下、没收违法所得；第二层级停产停业、吊销执照、违法所得一百万元以上是一倍以上十倍以下的罚款，违法所得不超过一百万元的罚款是十万元以上一百万元以下。

3.违反《未成年人保护法》第六十一条规定的，由文化和旅游、人力资源和社会保障、市场监督管理等部门按照职责分工责令限期改正，给予警告，没收违法所得，可以并处十万元以下罚款；拒不改正或者情节严重的，责令停产停业或者吊销营业执照、吊销相关许可证，并处十万元以上一百万元以下罚款。

解读：

本条是违法责任和具体处罚规定。

（1）违反第六十一条招用未成年人的法律责任，第一层级是警告，处十万元罚款；第二层级是停产停业或者吊销营业执照、吊销相关许可证，处十万元以上一百万元以下罚款。

（2）处罚的主管部门为文化和旅游、人力资源和社会保障、市场监督管理等部门。

第十二章
其他相关法律制度

1. 考试大纲

掌握《英雄烈士保护法》关于烈士的历史功勋，弘扬传承英雄烈士精神，英雄烈士名誉荣誉法律保护的规定；《广告法》关于禁止虚假广告和广告主对广告内容的真实性负责，广告表述应当准确、清楚、明白，广告内容的禁止性情形，广告在未成年人和残疾人保护方面的特殊要求的规定；《消费者权益保护法》关于经营者与消费者交易遵循的原则，经营者的义务，经营者使用格式条款所承担的义务的规定；《宗教事务条例》关于不得利用宗教损害国家利益、社会公共利益和公民合法权益等的规定。

2. 大纲解读

序号	主要内容	考纲要求
1	关于烈士历史功勋的规定	掌握
2	关于弘扬传承英雄烈士精神的规定	掌握
3	关于英雄烈士名誉荣誉法律保护的规定	掌握
4	关于禁止虚假广告和广告主对广告内容的真实性负责的规定	掌握
5	关于广告表达应当准确、清楚、明白的规定	掌握
6	关于广告内容的禁止性情形的规定	掌握
7	关于广告在未成年人和残疾人保护方面的特殊要求的规定	掌握
8	关于经营者与消费者交易遵循原则的规定	掌握
9	关于经营者的义务的规定	掌握
10	关于经营者使用格式条款所承担的义务的规定	掌握
11	关于不得利用宗教损害国家利益、社会公共利益和公民合法权益等的规定	掌握

3. 思维导图

知 识 点 精 讲

知识点一

关于烈士历史功勋的规定（掌握）

国家和人民永远尊崇、铭记英雄烈士为国家、人民和民族作出的牺牲和贡献。近代以来，为了争取民族独立和人民解放，实现国家富强和人民幸福，促进世界和平和人类进步而毕生奋斗、英勇献身的英雄烈士，功勋彪炳史册，精神永垂不朽。

知识点二

关于弘扬传承英雄烈士精神的规定（掌握）

1. 英雄烈士事迹和精神是中华民族的共同历史记忆和社会主义核心价值观的重要体现。国家保护英雄烈士，对英雄烈士予以褒扬、纪念，加强对英雄烈士事迹和精神的宣传、教育，维护英雄烈士尊严和合法权益。全社会都应当崇尚、学习、捍卫英雄烈士。

2. 各级人民政府应当加强对英雄烈士的保护，将宣传、弘扬英雄烈士事迹和精神作为社会主义精神文明建设的重要内容。

县级以上人民政府负责英雄烈士保护工作的部门和其他有关部门应当依法履行职责，做好英雄烈士保护工作。军队有关部门按照国务院、中央军事委员会的规定，做好英雄烈士保护工作。县级以上人民政府应当将英雄烈士保护工作经费列入本级预算。

解读：
（1）宣传、弘扬英雄烈士事迹和精神是社会主义精神文明建设的重要内容；
（2）县级以上人民政府应当将英雄烈士保护工作经费列入本级预算。

3.每年9月30日为烈士纪念日,国家在首都北京天安门广场人民英雄纪念碑前举行纪念仪式,缅怀英雄烈士。

县级以上地方人民政府、军队有关部门应当在烈士纪念日举行纪念活动。举行英雄烈士纪念活动,邀请英雄烈士遗属代表参加。

解读:

重点掌握每年9月30日为烈士纪念日。

4.在清明节和重要纪念日,机关、团体、乡村、社区、学校、企业事业单位和军队有关单位根据实际情况,组织开展英雄烈士纪念活动。

国家建立并保护英雄烈士纪念设施,纪念、缅怀英雄烈士。

矗立在首都北京天安门广场的人民英雄纪念碑,是近代以来中国人民和中华民族争取民族独立解放、人民自由幸福和国家繁荣富强精神的象征,是国家和人民纪念、缅怀英雄烈士的永久性纪念设施。

人民英雄纪念碑及其名称、碑题、碑文、浮雕、图形、标志等受法律保护。

解读:

掌握字面意思即可。

5.县级以上人民政府应当将英雄烈士纪念设施建设和保护纳入国民经济和社会发展规划、城乡规划,加强对英雄烈士纪念设施的保护和管理;对具有重要纪念意义、教育意义的英雄烈士纪念设施依照《中华人民共和国文物保护法》的规定,核定公布为文物保护单位。

中央财政对革命老区、民族地区、边疆地区、贫困地区英雄烈士纪念设施的修缮保护,应当按照国家规定予以补助。

解读:

掌握字面意思即可。

6.英雄烈士纪念设施应当免费向社会开放,供公众瞻仰、悼念英雄烈士,开展纪念教育活动,告慰先烈英灵。前款规定的纪念设施由军队有关单位管理的,按照军队有关规定实行开放。

英雄烈士纪念设施保护单位应当健全服务和管理工作规范，方便瞻仰、悼念英雄烈士，保持英雄烈士纪念设施庄严、肃穆、清净的环境和氛围。

任何组织和个人不得在英雄烈士纪念设施保护范围内从事有损纪念英雄烈士环境和氛围的活动，不得侵占英雄烈士纪念设施保护范围内的土地和设施，不得破坏、污损英雄烈士纪念设施。

解读：

掌握字面意思即可。

7. 安葬英雄烈士时，县级以上人民政府、军队有关部门应当举行庄严、肃穆、文明、节俭的送迎、安葬仪式。

国家建立健全英雄烈士祭扫制度和礼仪规范，引导公民庄严有序地开展祭扫活动。县级以上人民政府有关部门应当为英雄烈士遗属祭扫提供便利。

县级以上人民政府有关部门应当引导公民通过瞻仰英雄烈士纪念设施、集体宣誓、网上祭奠等形式，铭记英雄烈士的事迹，传承和弘扬英雄烈士的精神。

英雄烈士在国外安葬的，中华人民共和国驻该国外交、领事代表机构应当结合驻在国实际情况组织开展祭扫活动。国家通过与有关国家的合作，查找、收集英雄烈士遗骸、遗物和史料，加强对位于国外的英雄烈士纪念设施的修缮保护工作。

解读：

掌握字面意思即可。

8. 国家鼓励和支持开展对英雄烈士事迹和精神的研究，以辩证唯物主义和历史唯物主义为指导认识和记述历史。

各级人民政府、军队有关部门应当加强对英雄烈士遗物、史料的收集、保护和陈列展示工作，组织开展英雄烈士史料的研究、编纂和宣传工作。国家鼓励和支持革命老区发挥当地资源优势，开展英雄烈士事迹和精神的研究、宣传和教育工作。

解读：

掌握字面意思即可。

9. 教育行政部门应当以青少年学生为重点，将英雄烈士事迹和精神的宣传教育纳入国民教育体系。

教育行政部门、各级各类学校应当将英雄烈士事迹和精神纳入教育内容，组织开展纪念教育活动，加强对学生的爱国主义、集体主义、社会主义教育。

文化、新闻出版、广播电视、电影、网信等部门应当鼓励和支持以英雄烈士事迹为题材、弘扬英雄烈士精神的优秀文学艺术作品、广播电视节目以及出版物的创作生产和宣传推广。

广播电台、电视台、报刊出版单位、互联网信息服务提供者，应当通过播放或者刊登英雄烈士题材作品、发布公益广告、开设专栏等方式，广泛宣传英雄烈士事迹和精神。

解读：

掌握字面意思即可。

10.国家鼓励和支持自然人、法人和非法人组织以捐赠财产、义务宣讲英雄烈士事迹和精神、帮扶英雄烈士遗属等公益活动的方式，参与英雄烈士保护工作。自然人、法人和非法人组织捐赠财产用于英雄烈士保护的，依法享受税收优惠。

国家实行英雄烈士抚恤优待制度。英雄烈士遗属按照国家规定享受教育、就业、养老、住房、医疗等方面的优待。抚恤优待水平应当与国民经济和社会发展相适应并逐步提高。国务院有关部门、军队有关部门和地方人民政府应当关心英雄烈士遗属的生活情况，每年定期走访慰问英雄烈士遗属。

解读：

掌握字面意思即可。

知识点三

关于英雄烈士名誉荣誉法律保护的规定（掌握）

1.禁止歪曲、丑化、亵渎、否定英雄烈士事迹和精神。

英雄烈士的姓名、肖像、名誉、荣誉受法律保护。任何组织和个人不得在公共场所、互联网或者利用广播电视、电影、出版物等，以侮辱、诽谤或者其他方式侵害英雄烈士的姓名、肖像、名誉、荣誉。任何组织和个人不得将英雄烈士的姓名、肖像用于或者变相用于商标、商业广告，损害英雄烈士的名誉、荣誉。

公安、文化、新闻出版、广播电视、电影、网信、市场监督管理、负责英雄烈士保护工作的部门发现前款规定行为的，应当依法及时处理。

解读：

（1）禁止歪曲、丑化、亵渎、否定英雄烈士事迹和精神。

（2）英雄烈士的姓名、肖像、名誉、荣誉受法律保护。

（3）任何组织和个人不得在公共场所、互联网或者利用广播电视、电影、出版物等，以侮辱、诽谤或者其他方式侵害英雄烈士的姓名、肖像、名誉、荣誉。

（4）任何组织和个人不得将英雄烈士的姓名、肖像用于或者变相用于商标、商业广告，损害英雄烈士的名誉、荣誉。

2. 网信和电信、公安等有关部门在对网络信息进行依法监督管理工作中，发现发布或者传输以侮辱、诽谤或者其他方式侵害英雄烈士的姓名、肖像、名誉、荣誉的信息的，应当要求网络运营者停止传输，采取消除等处置措施和其他必要措施；对来源于中华人民共和国境外的上述信息，应当通知有关机构采取技术措施和其他必要措施阻断传播。

网络运营者发现其用户发布前款规定的信息的，应当立即停止传输该信息，采取消除等处置措施，防止信息扩散，保存有关记录，并向有关主管部门报告。网络运营者未采取停止传输、消除等处置措施的，依照《中华人民共和国网络安全法》的规定处罚。

解读：

规定了相关行政主管部门和网络经营者责任。

3. 任何组织和个人有权对侵害英雄烈士合法权益和其他违反本法规定的行为，向负责英雄烈士保护工作的部门、网信、公安等有关部门举报，接到举报的部门应当依法及时处理。

4. 对侵害英雄烈士的姓名、肖像、名誉、荣誉的行为，英雄烈士的近亲属可以依法向人民法院提起诉讼。

英雄烈士没有近亲属或者近亲属不提起诉讼的，检察机关依法对侵害英雄烈士的姓名、肖像、名誉、荣誉，损害社会公共利益的行为向人民法院提起诉讼。

负责英雄烈士保护工作的部门和其他有关部门在履行职责过程中发现第一款规定

的行为，需要检察机关提起诉讼的，应当向检察机关报告。

英雄烈士近亲属依照第一款规定提起诉讼的，法律援助机构应当依法提供法律援助服务。

解读：

英雄烈士的近亲属可提起民事诉讼，没有近亲属的，由检察机关提起公益诉讼。

5.以侮辱、诽谤或者其他方式侵害英雄烈士的姓名、肖像、名誉、荣誉，损害社会公共利益的，依法承担民事责任；构成违反治安管理行为的，由公安机关依法给予治安管理处罚；构成犯罪的，依法追究刑事责任。

解读：

英雄烈士事迹和精神是中华民族的共同历史记忆和社会主义核心价值观的重要体现，属于社会公共利益范畴，不仅仅属于其近亲属。

知识点四

关于禁止虚假广告和广告主对广告内容的真实性负责的规定（掌握）

广告不得含有虚假或者引人误解的内容，不得欺骗、误导消费者。广告主应当对广告内容的真实性负责。

解读：

掌握广告主应当对广告内容的真实性负责。

知识点五

关于广告表达应当准确、清楚、明白的规定（掌握）

广告中对商品的性能、功能、产地、用途、质量、成分、价格、生产者、有效期限、允诺等或者对服务的内容、提供者、形式、质量、价格、允诺等有表示的，应当准确、清楚、明白。广告中表明推销的商品或者服务附带赠送的，应当明示所附带赠送商品或者服务的品种、规格、数量、期限和方式。

解读：

（1）首先要明确广告对商品或者服务内容要素有表示的，应当准确、清楚、明白。

（2）如商品或服务附带赠送的，应当明示所附带赠送商品或者服务的品种、规格、数量、期限和方式。

知识点六

关于广告内容的禁止性情形的规定（掌握）

广告不得有下列情形：

（1）使用或者变相使用中华人民共和国的国旗、国歌、国徽，军旗、军歌、军徽；

（2）使用或者变相使用国家机关、国家机关工作人员的名义或者形象；

（3）使用"国家级""最高级""最佳"等用语；

（4）损害国家的尊严或者利益，泄露国家秘密；

（5）妨碍社会安定，损害社会公共利益；

（6）危害人身、财产安全，泄露个人隐私；

（7）妨碍社会公共秩序或者违背社会良好风尚；

（8）含有淫秽、色情、赌博、迷信、恐怖、暴力的内容；

（9）含有民族、种族、宗教、性别歧视的内容；

（10）妨碍环境、自然资源或者文化遗产保护；

（11）法律、行政法规规定禁止的其他情形。

特别地，广告不得贬低其他生产经营者的商品或者服务。

解读：

全文掌握。

知识点七

关于广告在未成年人和残疾人保护方面的特殊要求的规定（掌握）

1. 广告不得损害未成年人和残疾人的身心健康。

2. 禁止在大众传播媒介或者公共场所、公共交通工具、户外发布烟草广告。禁止向未成年人发送任何形式的烟草广告。

禁止利用其他商品或者服务的广告、公益广告，宣传烟草制品名称、商标、包装、装潢以及类似内容。

烟草制品生产者或者销售者发布的迁址、更名、招聘等启事中，不得含有烟草制品名称、商标、包装、装潢以及类似内容。

3. 在针对未成年人的大众传播媒介上不得发布医疗、药品、保健食品、医疗器械、化妆品、酒类、美容广告，以及不利于未成年人身心健康的网络游戏广告。

针对不满十四周岁的未成年人的商品或者服务的广告不得含有下列内容：

（1）劝诱其要求家长购买广告商品或者服务；

（2）可能引发其模仿不安全行为。

解读：

掌握字面意思即可。

知识点八

关于经营者与消费者交易遵循原则的规定（掌握）

经营者与消费者进行交易，应当遵循自愿、平等、公平、诚实信用的原则。

解读：

本条是关于经营者与消费者交易适用的原则规定。

交易原则包括自愿、平等、公平、诚实信用。

知识点九

关于经营者的义务的规定（掌握）

（1）经营者向消费者提供商品或者服务，应当依照产品质量法和其他有关法律、法规的规定履行义务。经营者和消费者有约定的，应当按照约定履行义务，但双方约定不得违背法律、法规的规定。

（2）经营者应当听取消费者对其提供的商品或者服务的意见，接受消费者的监督。

（3）经营者应当保证其提供的商品或者服务符合保障人身、财产安全的要求。对可能危及人身、财产安全的商品和服务，应当向消费者作出真实的说明和明确的警示，并说明和标明正确使用商品或者接受服务的方法以及防止危害发生的方法。经营者发现其提供的商品或者服务存在严重缺陷，即使正确使用商品或者接受服务仍然可能对人身、财产安全造成危害的，应当立即向有关行政部门报告和告知消费者，并采取防止危害发生的措施。

（4）经营者应当向消费者提供有关商品或者服务的真实信息，不得作引入误解的虚假宣传。经营者对消费者就其提供的商品或者服务的质量和使用方法等问题提出的询问，应当作出真实、明确的答复。商店提供商品应当明码标价。

（5）经营者应当标明其真实名称和标记。租赁他人柜台或者场地的经营者，应当标明其真实名称和标记。

（6）经营者提供商品或者服务，应当按照国家有关规定或者商业惯例向消费者出具购货凭证或者服务单据；消费者索要购货凭证或者服务单据的、经营者必须出具。

（7）经营者应当保证在正常使用商品或者接受服务的情况下其提供的商品或者服务应当具有的质量、性能、用途和有效期限；但消费者在购买该商品或者接受该服务前已经知道其存在瑕疵的除外。经营者以广告、产品说明、实物样品或者其他方式表明商品或者服务的质量状况的，应当保证其提供的商品或者服务的实际质量与表明的质量状况相符。

（8）经营者提供商品或者服务，按照国家规定或者与消费者的约定，承担包修、包换、包退或者其他责任的，应当按照国家规定或者约定履行，不得故意拖延或者无理拒绝。

（9）经营者不得以格式合同、通知、声明、店堂告示等方式作出对消费者不公平、不合理的规定，或者减轻、免除其损害消费者合法权益应当承担的民事责任。格式合同、通知、声明、店堂告示等含有前款所列内容的，其内容无效。

（10）经营者不得对消费者进行侮辱、诽谤、不得搜查消费者的身体及其携带的物品，不得侵犯消费者的人身自由。

解读：

以上是关于经营者履行义务的规定，对经营者课以较严格的义务，以保护处于弱势地位的消费者。

知识点十

关于经营者使用格式条款所承担的义务的规定（掌握）

经营者在经营活动中使用格式条款的，应当以显著方式提请消费者注意商品或者服务的数量和质量、价款或者费用、履行期限和方式、安全注意事项和风险警示、售后服务、民事责任等与消费者有重大利害关系的内容,并按照消费者的要求予以说明。

经营者不得以格式条款、通知、声明、店堂告示等方式,作出排除或者限制消费者权利、减轻或者免除经营者责任、加重消费者责任等对消费者不公平、不合理的规定,不得利用格式条款并借助技术手段强制交易。

格式条款、通知、声明、店堂告示等含有前款所列内容的,其内容无效。

解读:

本条是关于格式条款效力的规定。

(1)经营者使用格式条款的,需要以显著方式提请消费者注意。

(2)排除或者限制消费者权利或加重责任的,不得适用格式条款,其交易行为属于强制交易。

知识点十一

关于不得利用宗教损害国家利益、社会公共利益和公民合法权益等的规定(掌握)

1.宗教事务管理坚持保护合法、制止非法、遏制极端、抵御渗透、打击犯罪的原则。

解读:

本条规范宗教事务管理的基本原则即保护合法、制止非法、遏制极端、抵御渗透、打击犯罪。

2.国家依法保护正常的宗教活动,积极引导宗教与社会主义社会相适应,维护宗教团体、宗教院校、宗教活动场所和信教公民的合法权益。

宗教团体、宗教院校、宗教活动场所和信教公民应当遵守宪法、法律、法规和规章,践行社会主义核心价值观,维护国家统一、民族团结、宗教和睦与社会稳定。

任何组织或者个人不得利用宗教进行危害国家安全、破坏社会秩序、损害公民身体健康、妨碍国家教育制度,以及其他损害国家利益、社会公共利益和公民合法权益等违法活动。

任何组织或者个人不得在不同宗教之间、同一宗教内部以及信教公民与不信教公民之间制造矛盾与冲突,不得宣扬、支持、资助宗教极端主义,不得利用宗教破坏民族团结、分裂国家和进行恐怖活动。

解读：

本条重点掌握不得利用宗教损害国家利益、社会公共利益和公民合法权益等的规定。

（1）任何组织或者个人不得利用宗教进行危害国家安全、破坏社会秩序、损害公民身体健康、妨碍国家教育制度，以及其他损害国家利益、社会公共利益和公民合法权益等违法活动。

（2）任何组织或者个人不得在不同宗教之间、同一宗教内部以及信教公民与不信教公民之间制造矛盾与冲突，不得宣扬、支持、资助宗教极端主义，不得利用宗教破坏民族团结、分裂国家和进行恐怖活动。

3. 宣扬、支持、资助宗教极端主义，或者利用宗教进行危害国家安全、公共安全，破坏民族团结、分裂国家和恐怖活动，侵犯公民人身权利、民主权利，妨害社会管理秩序，侵犯公私财产等违法活动，构成犯罪的，依法追究刑事责任；尚不构成犯罪的，由有关部门依法给予行政处罚；对公民、法人或者其他组织造成损失的，依法承担民事责任。

宗教团体、宗教院校或者宗教活动场所有前款行为，情节严重的，有关部门应当采取必要的措施对其进行整顿，拒不接受整顿的，由登记管理机关或者批准设立机关依法吊销其登记证书或者设立许可。

解读：

掌握全部。

4. 大型宗教活动过程中发生危害国家安全、公共安全或者严重破坏社会秩序情况的，由有关部门依照法律、法规进行处置和处罚；主办的宗教团体、寺观教堂负有责任的，由登记管理机关责令其撤换主要负责人，情节严重的，由登记管理机关吊销其登记证书。

解读：

掌握全部。

项目统筹：谯　洁
责任编辑：刘志龙　谯　洁
责任印制：冯冬青
封面设计：中文天地

图书在版编目（CIP）数据

全国演出经纪人员资格认定考试知识点精讲．上册，科目一：思想政治与法律基础／全国演出经纪人员资格认定考试教材编写组编．——北京：中国旅游出版社，2022.6

（全国演出经纪人员资格认定考试辅导系列）

ISBN 978-7-5032-6968-4

Ⅰ．①全… Ⅱ．①全… Ⅲ．①文娱活动－经纪人－中国－资格考试－自学参考资料 ②思想修养－资格考试－自学参考资料 ③法律－中国－资格考试－自学参考资料 Ⅳ．① G124 ② B825 ③ D92

中国版本图书馆 CIP 数据核字（2022）第 091207 号

书　　名	全国演出经纪人员资格认定考试知识点精讲．上册，科目一：思想政治与法律基础
作　　者	全国演出经纪人员资格认定考试教材编写组编
出版发行	中国旅游出版社 （北京静安东里 6 号　邮编：100028） http://www.cttp.net.cn　E-mail: cttp@mct.gov.cn 营销中心电话：010-57377108，010-57377109 读者服务部电话：010-57377151
排　　版	北京中文天地文化艺术有限公司
印　　刷	北京工商事务印刷有限公司
版　　次	2022 年 6 月第 1 版　2022 年 6 月第 1 次印刷
开　　本	787 毫米 ×1092 毫米　1/16
印　　张	12.75
字　　数	200 千
定　　价	65.00 元
ISBN	978-7-5032-6968-4

版权所有　翻印必究
如发现质量问题，请直接与营销中心联系调换